玄奘訳経図

玄　　奘

・人と思想

三友 量順 著

106

CenturyBooks 清水書院

はじめに

漢訳仏典の訳経史上に新時代を画した玄奘《げんじょう》三蔵（六〇〇〔二〕〜六六四）の活躍した時代は、隋末からさらに中国文化の爛熟期ともいうべき唐代にかけてであった。インドに起源をもつ仏教が中国の文化や価値観によって再評価され、後代にいちじるしい影響を与えるのもこの時代である。またこの時代には日本と中国とは、舒明《じょめい》天皇の二年（六三〇）から始まって九世紀末まで続いた遣唐使をつうじての親密な交流があった。これに先立つ遣隋使の時代には、わが国では聖徳太子（五七四〜六二二）によって仏教が為政者の政治理念に積極的に活かされた。太子の滅後に仏教興隆の詔勅が発せられた大化元年（六四五）は、中国では玄奘三蔵が西域諸国を歴訪して長安に戻ったその年、唐の貞観十九年にあたっている。

当時、日本から遣唐使とともに唐に渡り、玄奘三蔵から直接に法相の教理を学んで帰国した僧侶が道昭《どうしょう》（六二九〜七〇〇）である。この道昭の門下には社会事業に貢献した行基《ぎょうき》（六六八〜七四九）がいる。玄奘三蔵は、すでにその活躍をした時代から仏教にもとづくわが国の精神文化の発展と親密な繋がりがあった。わが国における仏教の黎明期ともいうべき聖徳太子の活躍した時代も、太子の晩年が玄奘三蔵の青年期にあたっている。その後の奈良時代（七一〇〜）、平安時代（七九四〜一一九二）をとおして、中国唐代の社会制度や文化が日本に多大な影響を及ぼしたことは周知のとおりである。南都六宗（三論《さんろん》・法相《ほっそう》・成実《じょうじつ》・倶舎《くしゃ》・律《りつ》・華厳《けごん》）は、奈良時代までにわが国に伝わった当時の中国で有力な六つの教派であり、その後の平安時代にいたる天台法華宗や真言宗の二宗も唐との交流をぬきにしては論じられない。

　玄奘三蔵はもと「陳」をその氏姓とする河南省の出身である。中国古代の伝説的な聖王の舜の子孫に関わるこの氏姓を有することは、玄奘三蔵が明らかに漢人であることを示している。このことがかれら中国人たちにとっては重要な意味を有するのである。中国の訳経史上における古訳の時代も次の旧訳の時代も、代表的な人々は竺法護《じくほうご》にせよ鳩摩羅什《くまらじゅう》にせよいずれもいわゆる外国人である。かれらの仏典の訳出においては漢文化の担い手である中国人自身の協力が不可欠なものであっても、異国の宗教である仏教が異邦人を中心にして翻訳され、或いは紹介されている限りは、中国人たちの文化意識に深く根を下ろすことは難しい。筆者はかつて留学地インドで、現在はアメリカ国籍の中国人教授と仏典に関する話をする機会があった。この時に「法護や羅什は中国人ではありません、玄奘こそが中国人なのです。」ということを改めて言われ、かれらの玄奘三蔵に対する同《はら》胞《から》としてのイメージを知らされた。仏教が異邦人による訳経書にもとづいて紹介され、それらが中国的に体系化され理解されても、かれら中国人のもつ価値観を決定的に満足させるものではないのかもしれない。遠く仏教の故郷、インドにいたる風土を実際に見聞・観察し、克明な地誌ともいうべき記録を留め、各地での研鑽《けんさん》を極めた後、膨大な資料を携えて帰国した玄奘三蔵こそが、かれらにとっては、初めて本当の意味で仏典を漢訳した中国僧ということになるのであろう。そこには自民族や自文化を中心に捉えるというういわゆる中華思想が認められるかもしれないが、実際に『大唐《だいとう》西域記《さいいきき》』をはじめとする玄奘三蔵の残した業績は、そうした狭い意識をも超えさせるものがある。

中国人たちの思惟は、仏教を受容することによって初めて訓練され成熟されたという。インドの論理学でもある因明《いんみょう》が中国で本格的に研究されるようになるのも、玄奘の『因明入正理論《いんみょうにゅうしょうりろん》』の翻訳をまってのことである。それまで法顕《ほっけん》〈三九九年に長安を出発し一五年の歳月をかけて海路から帰国している〉などによって部分的には当時の西域やインドのありさまは伝えられていた。しかし、それだけでは体験を重んずるかれらの満足を得るものではなかった。玄奘にとって西域・インドは実際に体験しなければならないものであった。すでに指摘されているように、中国人たちの精神的な特性として重要視されるものが感覚（視覚）への信頼である。視覚への信頼が精緻《せいち》な観察記録を産《う》み出《だ》す。ここに玄奘の『大唐西域記』の出現を見るのである。

本書は玄奘三蔵の生涯とその事跡を、仏教文化の流れのなかで、ある時は筆者の見聞した現地の様子を交えながら概観し、わかり易く読者の方々に紹介することをその主旨としている。筆者は中国関係が専門領域ではないが、関心を寄せたものが、読者の方々の懐く興味となることを期待したい。初めに、中国人の精神的な特性を含め、かれらの思惟の特徴を述べるにあたっては、中村元博士の選集〈春秋社から決定版として発刊中〉の示唆に拠るところが多い。『大唐西域記』の校注本は近年、中華書房から出版されたものを利用した。これは筆者が一九八五年七月に北京大学を訪れた際に校注者である季羨林博士から直接にいただいたものである。また水谷真成教授の『大唐西域記』〈平凡社・中国古典文学体系22〉、伝記に関しては高田修教授による『大唐大慈恩寺三蔵法師伝』〈国訳一切経・史伝部一一〉、前嶋信次教授『玄奘三蔵』〈岩波新書一〇五〉などを参照させていただいた。

目次

はじめに……三

I　玄奘の時代と仏教……一一

具象と抽象（中国的な思惟とインド的な思惟）……一二

仏像の出現——抽象から具象へ(1)……一九

経本崇拝——抽象から具象へ(2)……二九

「法舎利」——抽象から具象へ(3)……三七

II　唐代にいたる仏教の受容と変遷……四五

インドから中国へ——中国仏教の展開……四六

唐代の西域情勢と異民族・異宗教……五三

III　玄奘伝……六三

おいたち……六四

旅立ち……六九
西域への旅……七五
インド……九三
釈尊の故郷……一一四
ナーランダー……一二八
東インドから南インドへの旅……一三四
帰　路……一五九
帰　朝……一七三
むすび……一八九
年譜……一九三
参考文献……一九七
さくいん……一九八

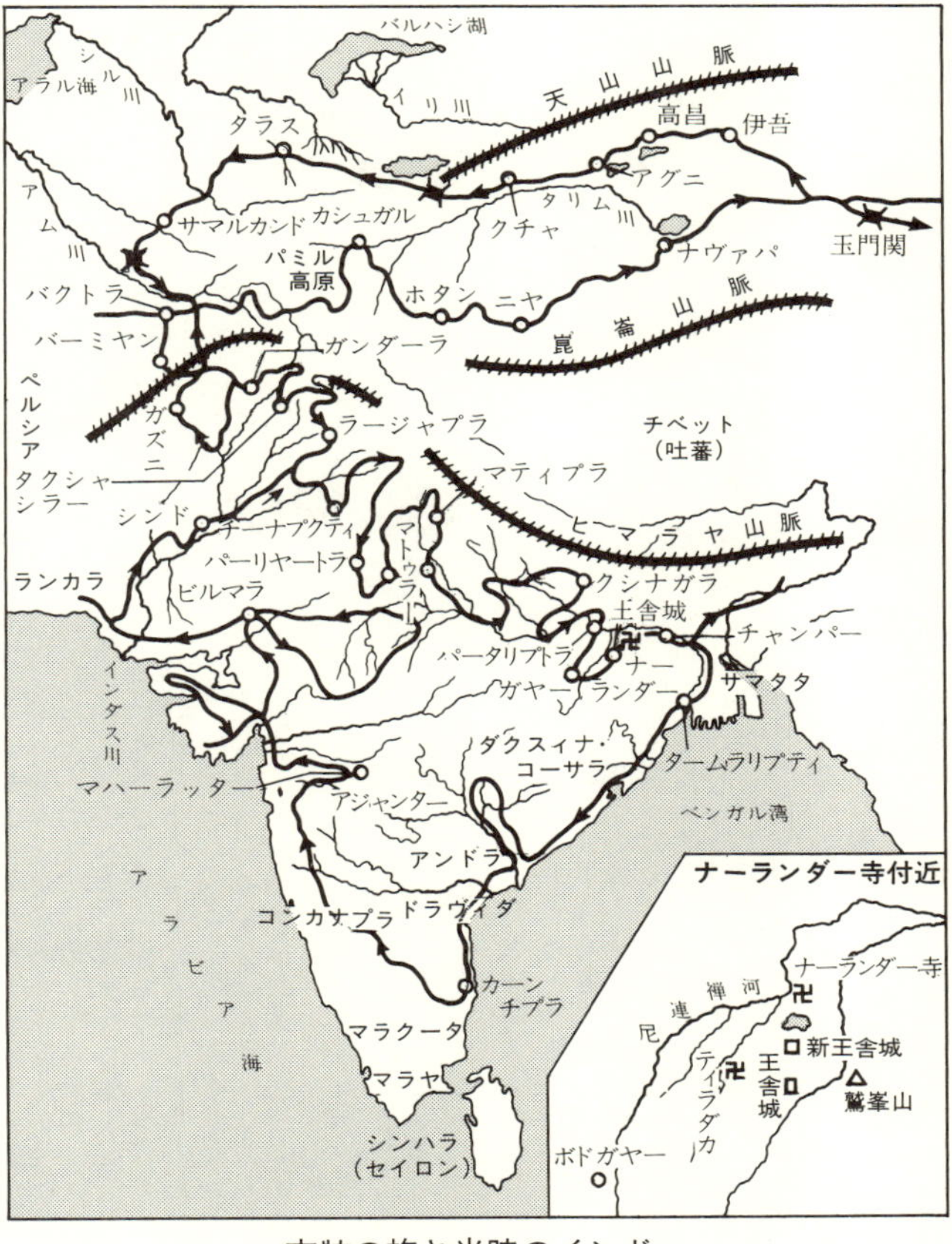

玄奘の旅と当時のインド

I　玄奘の時代と仏教

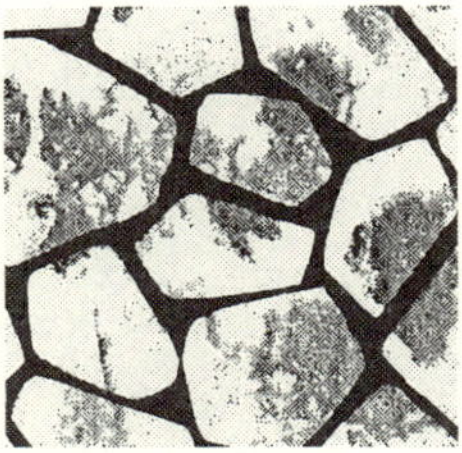

具象と抽象（中国的な思惟《しい》とインド的な思惟）

「空と有の間」

感覚（視覚）への信頼が中国人たちの精神的な特徴として重視されるものであるとすると、具象的なものを重んずるかれらと、抽象的なものを実体視し、それを重視するインド人たちのものの考え方には大きな隔たりがある。中国人たちの現世主義的（ジス・ワールドリー）な人生観と、インド人たちの来世主義的（アザー・ワールドリー）な人生観との違いもここから生じている。こうした東洋人の思惟方法の特徴を仏教の受容形態という面から比較考察したものが中村元《なかむらはじめ》博士の『シナ人の思惟方法』（中村元選集（決定版）第2巻）であった。

中国人たちの事物にたいする態度は、個別性の集合体でもある自然の様々な姿に意義をみとめることから出発しているという。古代の漢字は、もともと一字一字がものの形をかたどって造られた象形文字（ヒエログリフ）である。象形文字は具象的なものを表すことになるから、形の無い抽象的なものは本来、象形文字では表現できないことになる。もし表現しようとなると、例えば「矛盾」という語のように本来の意味とは離れて抽象的な内容を表すものとして了解させるか、或いは漢字の音を借りて写し、見る人の視覚にうったえて納得させせなければならない。

インドの宗教では普遍的な理法を「ダルマ」とよんだ。この語は「秩序」「法則」あるいは「義務」「宗教」などの意であるが、もともとの原意は「たもつもの」という意味である。抽象的なこの語の漢字の音写語としては「達磨（摩）・達哩磨」などが用いられたが、訳語としては「法」という漢字が一般化された。この「法」という文字も「水が溢《あふ》れて流されるのを防ぐために囲む」という形声文字である。ここには中国人たちの抽象的な理法への理解があるのである。また仏典に登場するマーラ（悪魔）という語を音写するために、古代の中国人はわざわざ「魔」という漢字を造った。この語なども視覚によって人に恐怖感をいだかせる効果を充分にもっている。初めにこのようなことを述べるのは、仏教もそれ以前のバラモン教もインド人固有のものの考え方に基づいていて、それは具象的なものを重視するという中国や東アジアの我々のものの考え方と非常に異なるということに注意したいためである。なぜならインド的な「空」と中国的な「有」との離隔を埋めることも玄奘三蔵の西域求法の大きな目的であった。『大唐西域記』の序文には「見がたき実相（真相）を空と有との間」に見ると記しているのである。

音写語にみる思惟の相違

一般に仏典の音写語は漢字の一字一字に意味はないと思われているが、中国人たちが可視的で具体的なものを通してその背後にある普遍的な理法を感受するという思惟傾向をもっているということからみれば、どうであろうか。音写語といえども視覚にうったえる漢字はやはり意味を有していると考えるべきかもしれない。仏という語は音写語の「仏陀」の一字であるが、「佛」は「にんべん」に「あらず」という意味の「弗」を合わせた形声文字である。理法をさとったブッダ（覚者）は人間でありながら人間を超えた存在として捉えているとすると、たしかに「佛」という語にも意味がある。「印度」という語も四世紀には典籍に用いられ唐代にいたって音写語として確定された。地理的な名称でもあるこの語はもともとシンドゥ（インダス）河からきたもので、語頭のS音がやがてペルシア人によってH音に変わり、今日のような呼び名になった。ところがこの語は「身毒」「天竺」「賢豆」などとも音訳された。いかに音は一致していても「身毒」では遙かかなたの仏教の故郷というイメージは浮かばない。「毒」には人を害する草の意味がある。また称名や題目のはじめに付せられてる「南無」という語は、「身体を屈する・お辞儀をする」という語根（nam）から造られた言葉の音写語である。今日のインド人たちが挨拶の時には合掌とともに「ナマステ」あるいはベンガル語で「ノモシカール」と言うのも語源は同じである。この音写語の一つ「南」はもともと「とばり」を意味する形声文字である。とばりの中は暖かいので、日当たりがよい方角（＝南）も表すようになる。「君主南面」という言葉があるように、南に向いて座することは王者の位を表すことになる。「無」は虚無という意味だけではなく、哲学的な意味での絶対的「無」をも意味するとすれば、宗教的な「帰依」を意味する「南無」という音写語も決して一字一字に意味がなくはない（「無」という漢字は、音を得るために「舞」という人が踊っている姿を表した文字の上部を採り、「亡」（見えない）という意味を表す「灬」を下部に添えた形声文字」。

瞑想と体験の思惟

様々な特徴や個性のある自然そのものに意義を感ずることは可視的なものに対する信頼を生む。しかし極度の信頼は抽象的な思惟の発達を防げることにもなるという。インドの宗教で説くダルマは普遍的な理法を意味し、実体としてつかむことの出来ない抽象的なこの理法を瞑想によって認識することがかれらインドの宗教家たちの勤めるところであった。一方、中国では禅問答にあるように、宗教家の取り組む課題が具象的・直観的なかたちで提示されている。それらの課題に対する答えは解答者の直接的な体験にもとづくものとなるから一様でない。一様でないということも種々の特性を有する自然と同様に意義があるということになる。答えが理論的には矛盾があっても直接的な個々の体験からはなんら矛盾がない。こうしたところに中国的思惟とインド的な思惟との相違があるのである。

中国とインドのことば

具象と抽象だけでなく、中国的な思惟とインド的な思惟をそれぞれの用語の面から見ても興味深い。例えば、中国的な理解のもとで置き換えられた語がインドの原典にはそれに相当する言葉がないことがある。そのひとつが「孝養」という時の「孝」である。もともと「孝」という漢字は「老」という字の上部と「飼」（＝養）の意味の音（シ）を表す「子」からできたものであり、「年老いた人を養う」の意がある。ちなみにわが国の古典では追善供養のことも「孝養」という。この「孝」に尊敬の意を与えたのが孔子である。孔子は、「孝」がただ養うというだけであれば犬馬を養うことと何ら差異はない、そこに敬うということがなければならないという。こうして「孝」は儒教の道徳となり、「家」を単位とする人間関係を支えることになる。これに対して、孝養と漢訳されるサンスクリット語は一般にはジュニャ jña（現代のインドでは「ギャ」と発音）という言葉である。この語は「認める・敬う」という意味をもつ形容詞であり、もとの漢字の意味ではなく孔子の与えた方の「敬う」に近い。

「弟子」という言葉もその一つである。英語の disciple に相当するサンスクリット語が antevāsin という語であるが、この語を漢訳仏典では「弟子」と訳す。もともとこのサンスクリット語には「近くに住むこと」という意味がある。古代のインドでは弟子たちは師の近くに住んで学問や修行に勤めていた。一方、「弟」という漢字は順序や次第を意味し、目上や尊貴者によく仕えるという意味がある。「師弟」というのも師が「家」での父兄になぞらえている。印度における初期仏教の時代には、出家者も在家者もサーヴァカ（声聞）と呼ばれていた。かれらは「（釈尊の）声を聞くもの」という意味での弟子であった。やがてこの呼称は出家と在家との別が明確になると、出家者のみをさす呼び名となった。

最初期の仏教の時代には出家者の男性は「仏陀の息子」、女性は「仏陀の娘」とも呼ばれていた。印度において女性の仏教教団（僧伽）が出現するのは男性のそれに比しては遅いが、仏教はもともと印度文化の主流をなすアーリヤ系の人々の伝統的な家父長社会とは別の、母系社会の影響を受けているとみなされている。たとえば「父母」という言葉を今日、我々も何の違和感もなく用いるが、「父母」と漢訳される仏典の原語は「母と父」の順となっている。古代の婆羅門《バラモン》教のヴェーダ聖典には「父母・両親」を表す言葉が「父」の語の「両数形」（二人の父）で示されていることがある。ここにも家父長的なアーリヤ人の文化の影響が認められるのであるが、仏教はそれとは別の母系社会の影響を受けていると考えられている。ところがこの仏典が中国にもたらされると、かれらの伝統的な家父長制のなかで原典の「母と父」という語順が逆になって「父母」と翻訳されるのである。

「法華経」と具体性

漢訳された仏典の言葉がインドのもとの原意とうまく符号して用いられていることもある。「方便」という言葉はもともと「巧みな手段」（ウパーヤ・カウシャリヤ）を意味する。仏典では方便は、真実に至らしめる手段をいう。大乗経典の『法華経』には「三乗方便一乗真実」という言葉があって、小乗（声聞・縁覚）や大乗（菩薩）の教えは、真実の仏陀の乗り物に導くための手段であることを説き、宥和と協調の仏教精神を強調する。小乗や大乗という対立を越えたところに真の仏教精神があるというわけである。そこで方便（手段）としての教えでもそれぞれ意義を有することになる。具体的な教えや修行を否定するのではなく、そのいずれも普遍的な理法に結びつくということになれば、具象的なものを重視する東アジアの人々に『法華経』が重んじられたことが頷《うなず》ける。身近で具体的に意義をもつものはまさに人間にとって「便利」なてだてとなる。「便」という漢字はもともと「召使」を意味し、自由に使えることから便利の意味を持った。現代中国語でも方便が「便利」の意味で用いられ、面白いことにわが国から広まったインスタント・ラーメンのことを「方便麵」という。

仏像の出現―抽象から具象へ(1)

仏教の中国伝来

中国に仏教が伝わったのは西暦一世紀頃であろうと考えられている。後漢の明帝（五七～七五）の異母弟が黄帝・老子の言を誦しながら、浮屠（仏陀）を敬っていたということが伝えられており、西漢（前漢に同じ。西暦前二〇六～後二五）の末には仏典が口伝によって伝わったとも記されている。文献に現れる以前にも、西域を旅する人々が自身の信仰としての仏教をもって中国に至ったことは想像できるし、或いは西域を経て伝えられたものよりも南アジアを経由して伝えられた仏教の方が年代的には古いかもしれない。わが国においても、仏教伝来は公には五三八年のこととされているが、それは公伝としての伝来で、それ以前にも渡来した人々が仏教を自由に持ち込んでいたことは充分想像される。

西暦一世紀に中国に伝わった仏教は初め道教と一緒に信仰された。この時代はインドにおける大乗仏教の出現の時代と重なる。西北インドで仏像が出現するのも一世紀の後半から二世紀初頭にかけてのことである。これまでは仏教芸術が中国に現れたのは敦煌《とんこう》の莫高窟《ばっこうくつ》にみられる美術（四世紀の後半から）が最古のものであると考えられていた。しかし後漢の桓帝・霊帝（一四六～一八九）

敦煌　莫高窟にみられる仏教美術。
盛唐のころに多く作成された。

の時代にすでに、中国の東海の地（江蘇省連雲港市郊外の孔望山の遺跡・青島の南西約二百キロ）で、磨崖像が作成されていたことが中国の雑誌「文物」（一九八一年七月号）に発表されたことがあった。それらの造像群は中国の伝統的な画像技法にもとづいて制作されたものであることなども、現地を調査した畏友、丘山新《おかやまはじめ》氏によって報告されている。

仏像の登場

　仏像という具体的な信仰の対象が登場するのは大乗仏教に至ってからである。インドにおける大乗仏教の展開と密接な関係のあるのがクシャーナ王朝であった。イラン系の言語をもつこの王朝は一世紀の後半にインドに進入し、三世紀頃まで支配権を掌握していた。クシャーナ王朝の二祖ウェーマカドフィセースは当時のローマと交易を盛んに行い、金貨も発行している。その後に登場するカニシカ王はクシャーナ族の中でも、中央アジアのコータンの出身と言われている。二世紀の中頃と考えられているこの王の時代の領土は、現在のペシャワールから、東はヴァーラーナシー（ベナレス）に至る広大なものであった。

現在のペシャワール（近郊のシャージーキデリーはかつてのプルシャプラの遺跡）はカーブル河の南、ガンダーラ（アフガニスタンの東部からパキスタンの北西部を含む地域）の西南に位置する都市である。インダス河との分岐をはさんで、東にはタキシラ（かつてのタクシャシラー）がある。この地方は前四世紀頃から様々な民族の支配をうけ、多くの王朝の首府となったところである。西方の文化との重要な接触・交流の中心地としてこの西北インドはクシャーナ王朝に受け継がれる。すでにアショーカ王（即位、前二六八）の時代に重要な都市であったタキシラは、現在も貴重な出土品が発見され、筆者が一九八三年に訪問した時も、イタリアの考古学者のチームが発掘調査を行っていた。

仏像の出現にはガンダーラが重要な地理的な意味をもっている。仏像はガンダーラとインドのマトゥラー（首都デリーの南東百三十五キロ）とでほぼ同時に出現したとされているが、口火を切ったのがガンダーラであった。マトゥラーも前二世紀頃には仏教の中心地として栄えていた。中インドと西北インドとを結ぶ交通の要路として、或いは政治的な拠点としてもマトゥラーは重要な役割を果たし、仏教のみならずジャイナ教も布教の拠点としたことがあった。特に部派仏教の中でも優勢であった説一切有部《せついっさいうぶ》（有部）は、マトゥラーの有部を「根本有部《こんぽんうぶ》」と称していた。

インドの仏教徒たちにとって、仏陀の姿を我々人間と同様な姿に表現することは、かれらの宗教感情の上からも抵抗があったようである。古くは、菩提樹や足跡、或いは法輪などが仏陀に見立てられて礼拝されていた。仏伝彫刻にはこのようなシンボルを在俗の信者たちが敬虔に礼拝している姿が浮き彫りにされている。同時に仏塔（ストゥーパ）を礼拝する姿もサーンチーの第一塔の門柱などに彫られている。ガンダーラの仏像がギリシアのヘレニズム彫刻の影響を多分に受けたものであるのに比して、マトゥラーの仏像はインド古来の技法を受けながら制作されたものである。初めはガンダーラ仏の長髪にたいして、マトゥラー仏は剃髪した姿であったが、やがていずれも釈尊の姿が神格化されて表現された三十二相の一つでもある「螺髪《らほつ》」を有する姿になっていった。

ギリシアの神と人

西北インドで仏像が出現した要因としてはどのようなことが考えられるのであろうか。先ず第一に挙げられるものがギリシア文化との接触である。ギリシア神話では神と人間との距離が隔たっていない。この距離があまり隔たっていると仏陀も人間的な姿をとっては表現されない。これは丁度、ギリシア正教の上下左右均等の十字架（✚）に象徴的に表れているという。十字架の形としてはローマカトリックのものが一般的である。しかしそれ以前の原始キリスト教団の十字架は上方に比して下方が短い。山下太郎教授の『日本神話の原点』（天下堂書店）の中での説明によると、十字架の平行線の部分が現実の社会と見れば、理想の国土が遙か彼方にあるということになると原始キリスト教団の上長下短の十字架の形になるという。即ち、イエス＝キリストが処刑されたという現実の世界は理想の国土から遠く隔たっているわけである。それに比して信仰によって天国は近くにあるということが、ローマカトリックの上短下長の十字架によって象徴的に表されているという。同様に見ていくとギリシア正教の十字架の上下の長さが均衡なのは、ギリシア神話では神と人間との距離を離れたものとしていないというのである。興味深い比較である。

ストゥーパ崇拝の定着

仏像の出現の要因として次に挙げられるものが、ストゥーパ（仏塔）崇拝にもとづくイメージの具象化である。ストゥーパは仏教やジャイナ教ではドーム型の墳墓を意味する言葉である。釈尊がクシナーラで亡くなると、遺骨（舎利《しゃり》）は八つに分骨されてストゥーパが建立されたということを『大パリニッバーナ経』（大般涅槃経《だいはんねはんきょう》）が伝えている。釈尊は侍者のアーナンダ（阿難）にたいして、仏塔崇拝は出家の人々のかかわることではなく、在俗の人々に委ねるべきことを説いたという。初めストゥーパ崇拝は在家信者をとおして広がっていった。やがてアショーカ王の時代にはストゥーパ崇拝が定着した。伝説では王は八つに分骨された遺骨を集めて、再び八万四千の仏塔を建立したという。このストゥーパ崇拝が、やがて在家の人々だけでなく出家の人々にも取り入れられていくのも、自然の流れであったようである。現在確認されているサーンチーのストゥーパには、出家の比丘《びく》や比丘尼《びくに》の名が奉献者として連なっている。

サーンチーのストゥーパ

ストゥーパに供養された供物は、仏陀に施されたいわゆる塔物として、出家の教団はこれを用いるべきではないという厳格な規則が、部派仏教の中から現れてきた。ストゥーパのある場所は仏地（塔地）として、出家者の居住地（僧地）との区別を明確にするようになる。しかし部派の中でも進歩的な大衆部の律蔵『摩訶僧祇律《まかそうぎりつ》』や保守的な有部の『十誦律《じゅうじゅりつ》』にはストゥーパに礼拝をしても利益の少ないことを述べ、僧に施しをすることの功徳を強調している。これはストゥーパ崇拝が次第に定着し、それにつれて出家の経済生活にまで影響を及ぼしてきたことを窺《うかが》わせるものである。

仏像が現れる以前の仏教徒たちは、仏陀の聖なる姿をストゥーパをとおして感じ取っていた。釈尊にたいする宗教的な感情は、礼拝の対象となった菩提樹や仏足跡などをとおしても生まれてくるものであろうが、最も身近に仏陀を感じ取っていたのはストゥーパであった。このことを傍証する興味深い遺跡が最近発見されている。パキスタンの考古学研究の第一人者でもあるA・H・ダニ教授が、一九八三年に『チラス』（"Chilas--The City of Nanga Parvata" Published by

Prof.Ahmad Hasan Dani, Quid-i-Azam University, Isla-mabad）という書物を出版している。この年の九月、パキスタン政府後援による国際会議がギルギットで開催された。筆者はこの会議にモデレーターとして参加する機会を得たが、この時にダニ教授から出版したばかりのこの書物を戴いた。

チラス遺跡の発見

ギルギットはパキスタンの北北東に位置する人口一万七千の町で、北東には七千八百メートルのラカポシ氷河が聳えている。ここからは中国と国境を接するクンジェラブ山道（五千百メートル）までは、フンザを経て僅かに二百二十七キロの距離である。チラスはギルギットからインダス河沿いに南下した場所で、ガンダーラからは北東に位置する。この辺りは河岸の岩面に数多くの碑銘や絵画が彫られている。その中には非常に原始的な狩猟の画であるとか、動物たちも描かれている。およそ前一千年ぐらいまで遡れるこれらの絵画に混じって、仏教のストゥーパの画や仏・菩薩の絵画も数多く点在している。チラスIと名付けられた遺跡はすでにオーレル＝スタインによって部分的に報告されていたが、特に一九七九年に発見されたチラスIIの遺跡は考古学上貴重な資料を提供している。現在のチラスは年間雨量が僅か四インチほどの非常に乾燥した場所で、これらの気象条件も重なって貴重なインスクリプション（碑銘）などを今日まで保存し続けた。

夏期にはインダス河の水量が増えて、この遺跡の間近まで水が流れる。巨大な岩は長い年月に風化することなく往時の面影を今に伝えている。ダニ教授はチラスIIの様々なインスクリプションを書体の上から次の三種に分類する。

Aグループ……前一世紀から後二世紀〔カローシュティー・パリオグラフィーに基づいてスキタイ時代からクシャーナ時代までの一グループ〕。

Bグループ……後二世紀から五世紀〔このグループは垂直な岩壁の表面に描かれている。大部分はクシャーナ時代以降に属する〕。

Cグループ……六～七世紀頃〔六～七世紀頃のブラーフミー書体で書かれているもので、岩の南面に描かれているものを含む〕。

このAグループが仏像の出現や、大乗仏教の展開においても重要な時代となる。Aグループの碑文には、「Buddha(v)oto」という語が読み取れ、ダニ教授もこれを「Bodhisattva（菩薩）」を意味するものと見ている。特に前掲書物の No.73 に描かれているアーチ型のストゥーパなどは、初期のガンダーラのストゥーパが基になっていると指摘している。中でも素朴なストゥーパの画のなかには明らかに仏塔を擬人化したものがある。塔に手足を書き込むことによって、瞑想する人間の姿になっているのである。更に細かく観察するとストゥーパがやがて坐した仏陀の姿に至るその過程を一連の画に表現しているものもある。例えば、No.81 の写真はストゥーパに並んで、坐仏の姿が描かれているし、No.90 の階段つきのストゥーパは、塔に安置されている仏陀の姿を表している。

No.81 のこの瞑想する姿には Budhaotasa（= Bodhisattvasya）と標されており、ダニ教授も、「これは明らかに仏陀の姿であり、この姿を創造することが、初期のこうした意図にたいする試みを物語っている。その姿の出所は、隣に描かれているストゥーパに遡《さかのぼ》れることができるし、その姿はストゥーパをアウトラインとするものであることは推論できうる。両足や両手、それに顔をストゥーパに付加することによって、この仏陀の姿を導くのである。」（op.cit.,p.106）と述べている。

チラス遺跡 No.90（上）と、僧侶とストゥーバが描かれた No.82（下）。

チラス遺跡 No.83

端座した姿が仏陀ではなく「菩薩」と標されているのは、マトゥラーで最初期に現れた仏像が菩薩像と銘されていたように、初めは仏像は菩薩像として造形されたのである。或いはまだこの時点では仏陀の姿を標榜することに躊躇《とまど》いがあったのであろうか。しかしストゥーパの形を擬人化して菩薩と名付けられたそうした姿もほどなく釈尊そのものとされていった。チラスIIのNo.83には明らかにストゥーパを擬人化した立像が「釈尊」であると標されている。この姿は尖塔《せんとう》を有するストゥーパの姿をし、カローシュティー文字の碑銘にはSaka(mu)nisa（釈尊の）と刻まれている。ダニ教授も、「この未熟な仏陀の創造は、間違いなくスキタイ時代のものである」（op.cit.,p.108）と断定している。永い間タブー視されてきた仏陀の姿は、初めストゥーパ崇拝を通して現れてくるのである。ストゥーパそのものに実際の釈尊を感じ取っていた人々にとって、それはごく自然の成り行きであったにせよ、永遠の生命をもった理法そのものとしての仏陀が具体的な人間の姿を有して表現されるのは、西北インドにおける異文化の接触や融合がなければならなかった。やがて一世紀の末頃になると、造像美術の上でも明らかに仏像と認められるものがガンダーラやマトゥラーで現れてくるのである。

経本崇拝―抽象から具象へ(2)

インドでは聖典は暗唱によって伝えられた。聖典の言葉それ自体が聖なるものであるから文字に書き写すことをしなかった。普遍的な理法が無限定性を保つためには文字という枠から解放されることも必要になる。それまで釈尊の遺骨（舎利《しゃり》）を納めたストゥーパが礼拝の対象であったが、仏舎利は幾ら細分化しても限りがある。その意味では限定されている。普遍的な理法としての仏陀であるのならば、信仰の対象としてのものも限りあるものであってはならない。もし具体的な信仰の対象が無限に広がる可能性を持っているとしたら、むしろそちらのものが真の礼拝の対象となる。

経本と仏陀

大乗仏教は初期の経典を見ると書写の功徳を強調している。そして経本を仏陀と見做《みな》して礼拝供養すべきことを説いている。このいずれもそれまでの部派仏教に見られないものであった。伝統的な聖典に対する態度が具体的に書写された経本の登場によって、経本が仏陀の舎利と同等の或いはそれ以上のものとなっていく。初期大乗経典の中でも古い部類に属する『八千頌般若経《はっせんじゅはんにゃきょう》』では、仏陀世尊は法身（ダルマ・カーヤ）からなっているということを説き、般若経（経本《きょうほん》）こそが

「これこそ実に如来（人格完成者）の真実の舎利である」(Aṣṭa., 48,1) と言う。理法と仏陀世尊との同一視はすでに原始経典以来認められるところであったが、やがて大乗になると理法（ダルマ）を具現化した経本崇拝へと展開するのである。同じく初期大乗経典の『法華経』には、経本のあるところには舎利を納めたストゥーパではなくチャイティヤ（霊塔）が建立されるべきであり、そこにはすでに如来の全身の舎利が安置されているので、ことさら実際の舎利を納められる必要はないとする。そこで『法華経』を経本となして肩に負う人は、如来を肩に背負っているのだとも言う。経本が如来の真実の舎利であって仏陀の身体そのものであるとすれば、経本は書写すればするほどその数は多くなる。経本という理法を具現化したものが登場することによって、初めて具体的な信仰の対象が無限に広がる可能性を示したことになる。『般若経』に説く「空」の思想も、舎利という有限なものから経本という無限なものへの展開を図った大乗の経本崇拝から捉えても興味深い。

ストゥーパとチャイティヤ

理法（ダルマ）は形としてつかむことのできない抽象的なものである。しかし言語表現を超えた普遍的な理法が人々に積極的な働き掛けをもつ時には、何らかの具体的な形となって示される。聖地という宗教上の巡礼の対象も本来限定されたものである。ところが大乗では、経本がそこにあればいかなる処でもチャイティヤが造られるべきであり、その場所が釈尊の生涯に因む聖地と等しいものとなるのだという普遍的な聖地解釈をした。やがて混同されるストゥーパとチャイティヤにも、初期大乗の時代には恐らく両者の明確な区別があったと思われる。『摩訶僧祇律《まかそうぎりつ》』には「舎利あるものを塔（ストゥーパ）と名づけ、舎利なきものは技提（チャイティヤ）と名づく」と記されている。ストゥーパはもともと泥土や煉瓦《れんが》で造った円墳を意味し、チャイティヤは供養儀礼の性格を有する「記念すべき場所や対象」の意味がある。但しインド人一般には、死者のために何らかの記念碑を建てることはなく、死者の追憶に思いをいたすだけであるということを、前三世紀頃にインドのパータリプトラ（現パトナ市）に滞在したギリシア人の大使メガステネースが指摘している。こうした仏塔崇拝の成立と基盤に関しては杉本卓洲《すぎもとたくしゅう》氏の『インド仏塔の研究』（一九八四年・平楽寺書店）に詳しく論じられている。原始仏教経典に登場するチェーティヤ（＝チャイティヤ）には廟や祠堂という他に聖樹という観念がしばしば持ち込まれているが、大乗ではストゥーパに代わる新しい意義づけをチャイティヤに与えた。

中国の経典

経本はサンスクリット語でプスタカという。現代のヒンディー語ではプスタクと発音されて「本（ブック）」を意味する。この語は「経巻《きょうかん》」と漢訳された。この漢語にも中国人たちが自らの文化に立脚した具体的で可視的なものを重視するという思惟傾向が表れているので面白い。いま筆者の机の前には北京大学の季羨林教授から贈られた「玄奘訳経図《やっきょうず》」が掲げられている（本書　口絵参照）。灯火を頼りに熱心に原典から漢訳の翻経に打ち込む玄奘三蔵

玄奘訳経図

の画が描かれている。注意して見ると、原典は四〇×一〇センチほどの長さの縦書きで一葉一葉べつになっている（但し、実際のサンスクリット仏典写本は縦書きではなく表裏二面に書写した横書きのものである）。ところが翻訳し終えて玄奘三蔵の傍らに置かれている幾つかの漢訳の経本を見ると「巻物」になっている。中国語に翻訳された漢訳経典として経本を見ればプスタカはまさしく「経巻」であり、インド的な形の「経本」ではない。

抽象から具象へと代わるものとして理法が具現化された経本が挙げられたが、中国で仏典が翻訳されるのにはおよそ次の三つの型があった。一つはインドや中央アジアからやってきた僧侶たちの暗唱に頼って、それを翻訳する場合。二つ目はサンスクリット語以外の言語で記された経本（胡本）からの翻訳、三つ目がサンスクリット語の経本からの翻訳である。記憶や暗唱では経典の正確な翻訳は難しいのではと思うかも知れないが、膨大なインドのバラモン教のヴェーダ聖典も記憶暗唱によって今日に伝えられたものである。筆者のインド滞在の折、僅か五歳のバラモンの男の子がヴェーダの小節を諳《そら》んじられることに驚いた。現在も伝統的な教育が残っているのである。その子は筆者のデリー大学における指導教授の愛らしい孫であった。

サンスクリット語の経本

ここで三番目の型として、サンスクリット語の原典とせずに経本としたのには理由がある。一般に漢訳経典の原典はすべてサンスクリット語で書かれたものと思われている。これは間違いである。南アジアに伝わる仏教聖典はパーリ語という西インドに端を発する俗語形の方言で伝わっているし、大乗仏教の興起と密接な関係のある西北インドの方言で記された原始経典もある。インドでのサンスクリット復興運動は四世紀のグプタ王朝になってからである。クシャーナ王朝や南インドのアンドラ王朝が次第に衰退すると、三二〇年に即位したチャンドラグプタ一世がマガダでグプタ王朝を創始した。次のサムドラグプタの時代にはマウリヤ王朝以来の統一国家を形成するのである。インド古来のバラモン教が国教とされ、かれらの用語であるサンスクリット語が公用語となった。仏典のサンスクリット語化はおそらくこの時代であったであろう。それ以前は仏教が流布された諸地方の言語でも経典が訳されていたと考えられる。

ここで問題が生ずる。最初に経典を翻訳したのは安息（アルサケス、パルティア）出身の安世高である。二世紀の中程に洛陽にきた彼は主に小乗経典を翻訳している。続いて月氏（クシャーナ）出身の支婁迦讖《しるかせん》で、彼は大乗経典を翻訳している。古訳の代表者である竺法護は敦煌の出身で、彼は三世紀の後半から四世紀の初頭にかけて重要な大乗経典を訳出している。次の旧訳の時代を代表する鳩摩羅什《くまらじゅう》が後秦の姚興《ようこう》に迎えられて長安で翻訳に携わるのは四世紀の後半から五世紀初頭にかけてである。そうすると初期の仏典の訳出がサンスクリット語の原典に基づいていたかどうかということになる。恐らく羅什がもとづいた原典も現存の写本よりは混成したサンスクリット語であったであろうし、最初期のものほどサンスクリット語ではなく俗語に近い言語で記されていた可能性が高い。ところが今日、伝わっている仏典写本は、例えば『法華経』をみても最古のもので六世紀以降の写本である。いわば今日、伝わっている仏典としては漢訳経典の方が現存サンスクリット写本より古いことになる。現存のサンスクリット写本が決して漢訳経典の原典ではないということになれば、サンスクリット原典ではなくサンスクリット経本と呼ぶべきであろうと思う。

玄奘の将来した仏典

玄奘三蔵がインドから将来した仏典はおおむねサンスクリット化のすすんだ経本であったと思われる。玄奘三蔵によってそれまでの漢訳語が新たに見直されているものがある。菩薩という音写語はサンスクリット語ではボーディ・サットヴァというが、忠実に音写をすれば「菩提薩埵《ぼだいさった》」となる。また菩薩名である「観（世）音」はサンスクリット語ではアヴァローキテーシヴァラという。玄奘三蔵はその意味から「観自在」と訳した。菩薩という音写語は羅什によって確定されたと言われ、観世音も羅什の訳語である。それでは菩薩も観世音も原語とは違っているのかというとそうとも言えない。菩薩の原語としてその音に近い「ボーサ」という言葉が碑文に用例のあることがかつて中村元博士によって指摘されたことがあった。アヴァローキテーシヴァラ（Avalokiteśvara）も、e音やś音の別が明確でないブラーフミーの古い書体からはアヴァローキタスバラ（観世音）と読むことができる。またアヴァ ava もアーバー（光）ābhā も書体に差異がないものがある。竺法護がこの菩薩名を「光世音」と訳したのはこうしたところに関連がありそうである。

インドの古写経は貝葉《ばいよう》本といわれ、棕櫚《しゅろ》の葉（ターラ・パットラ）の類をなめした素材や、樺の樹皮（ブールジャ）などの素材に墨で書写したものである。最近ではあまり見掛けなくなったが、紙のように薄く削って包装などに用いられる経木が丁度その厚さが等しい。やがて紙を用いるようになるが、現存の写本では一一世紀頃までは貝葉が用いられている。こうした仏典写本が千年以上もその原形をたもっていることは大変難しい。それに仏典は時代がたつと章節や内容も付加増広されている。同種の漢訳経典でも新訳の時代になるとかなり大部のものとなっていることがある。玄奘三蔵の将来したインドの仏典写本がその後どうなったのかということは、中国仏教の不思議の一

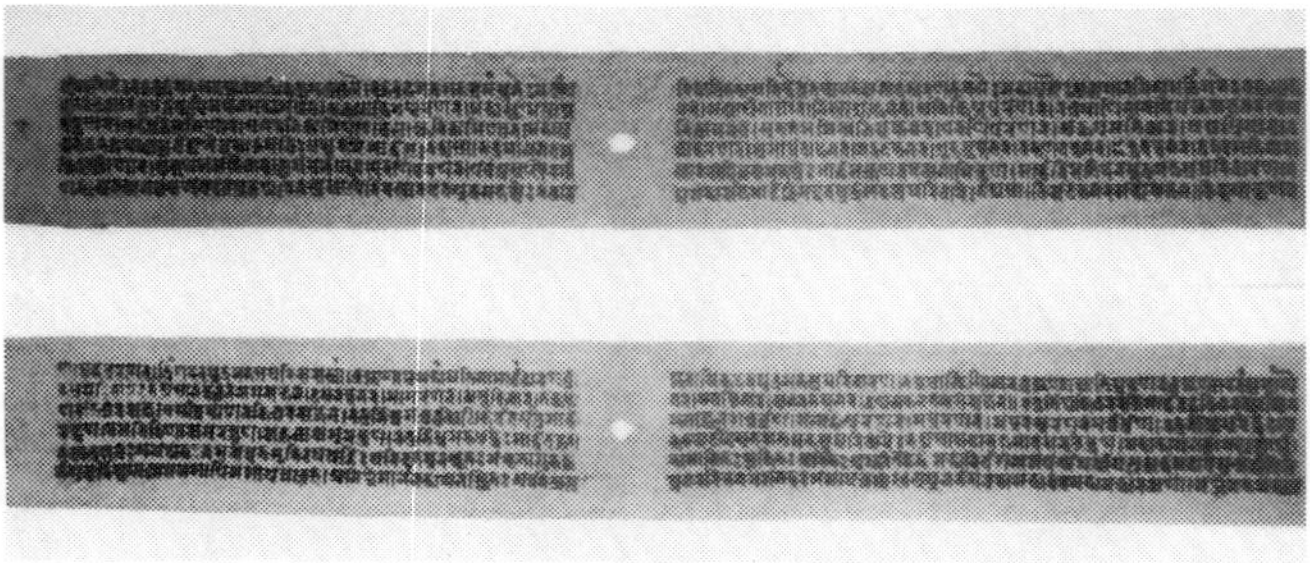

貝葉本

つに数えられるほど全く判らない。その理由としては仏教排斥運動ほか様々な推測がなされているが、いずれも憶測の域を出ない。しかし玄奘三蔵の利用したインドの経本が経典としてほぼ形が完成された現存のサンスクリット写本と近いものであったと考えられる。

「法舎利」―抽象から具象へ(3)

ストゥーパの多様化

玄奘三蔵は当時の中インドに滞在の折りに興味深い風習を観察し、それを『大唐西域記』に記している。それは「法舎利《ほうしゃり》」を小さなストゥーパに安置するというものである。『西域記』巻第九では王舎城の史跡に触れている。そして玄奘が二年間この師について唯識を学んだという大乗の論師・闍耶犀那（ジャヤセーナ）に言及している。西インドの刹帝利《クシャトリア》（＝武士階級）の出身であったこの論師はその当時七十歳になっても研究に倦むことなく、沙門やバラモン、外道や異学の人々から国王・大臣・長者などもその教えを受けたという。そこに次のような記述がある。

「インドの法に、香末を泥として小さな卒堵婆《そとば》（ストゥーパ）の高さ五六寸なるを作り、経文を書写してその中に置く。これを法舎利という。数が漸盈《ぜんえい》するに、積んで大卒堵婆を建てて、総てその内に聚《あつ》め、常に供養を修する。」

ジャヤセーナ論師は、口に妙法を宣説して学人を導誘し、手にはストゥーパを作って福を積み、夜には経行・礼誦・坐・思惟などをおこない、この三十年の間には七拘胝（コーティ）の法舎利ストゥーパを作り、一拘胝《コーティ》毎に大ストゥーパを建ててその中に置き、盛大に供養を修したと記されている。前節で見たように、大乗仏教では経本が仏陀の身体と見做されていた。まだそこでは舎利にたいするストゥーパと経本（プスタカ）にたいするチャイティヤという関連がはっきりしていた。やがてその相違も経文そのものを法の舎利と見立てることによって混同され、法舎利（＝経の要文）を納めたものもストゥーパと呼ばれるようになった。

同様な記述が義浄（六三五～七一三）の『南海寄帰内法伝』（『南海伝』）巻四の「灌木尊儀」にも見える。この記録は義浄がインドからの帰途、室利仏逝（＝シリーヴィジャヤ、スマトラのパレンバンに比定されている）に四年の間滞在した時に著したものである。義浄はインド・南海諸国における仏教の戒律の実情を見聞するために入竺した。それによれば当時の西方（インド）では僧侶も在俗の人も、泥の制底《せいてい》（チャイティヤ）や仏像を造り、或いは絹や紙に仏の姿を写しとって、それを随所で供養していたという。かれらは様々な素材を用いて仏像やチャイティヤを造り、その中には二種の舎利を安置しているともいう。その一つが「大師身骨《だいししんこつ》」でもう一つが「縁起法頌《えんぎほうじゅ》」であると述べている。ここでは縁起法頌を納めたものをストゥーパではなくチャイティヤと呼んでいる。玄奘三蔵がマガダ国で観察した法舎利も恐らく義浄が「縁起法頌」と呼んだ同様のものであろう。

「法舎利」の崇拝

縁起法頌はパーリ語経典によれば次のようなものである。「すべての現象は諸々の原因から生ずる。如来はそれらの原因を、そしてそれらの止滅をも説かれた。偉大なる沙門（＝仏陀）はこのような教義を有するものである。」（「諸法従縁起　如来説是因　彼法因縁尽　是大沙門説」『南海伝』中の義浄の訳）

この法頌を安置する風習はグプタ時代以降、特に六世紀頃からかなり広範囲に行われたらしい。シラーヴァスティー（舎衛城）跡から出土したテラコッタ製の印章銘文には、六～七世紀頃の文字で刻された縁起法頌が多数発見されている。西ベンガルのラージバーディーダーンガーのマウンドでは一九六三年の試掘の際に、僧院廃址から出土した数多くのクレイ・シールズ（粘土製印章）にも、六～七世紀の文字で書かれた縁起法頌があったことが報告されている。考古学上の資料から縁起法頌が実際に流布されだした年代を推察することができる。サールナート（鹿野苑）から発見された石板に刻された法頌は、三～四世紀のブラーフミー書体で書かれたパーリ語のものであるが、これが最古例らしい。同処で出土した五世紀頃の石刻銘文は、現在まで確認されたもののうちでサンスクリット語で書かれた法頌の最古のものである。これらの資料から推測すると、五世紀頃までは縁起法頌を刻むことはあって

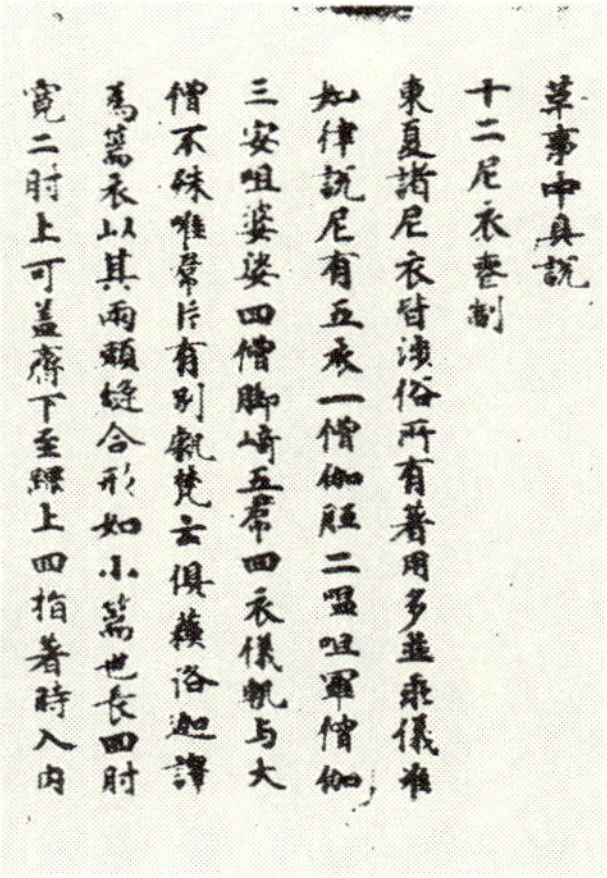
草事中具說
十二尼衣喪制
東夏諸尼衣皆涉俗所有著用多並乖儀准
如律說尼有五衣一僧伽胝二嗢呾羅僧伽
三安呾婆娑四僧脚崎五裙四衣儀軌與大
僧不殊唯裙片有別親梵云俱蘇洛迦譯
爲篅衣以其兩頭縫合形如小篅也長四肘
寬二肘上可蓋齊下至踝上四指著時入內

『南海寄帰内法伝』

も、舎利のように塔などに安置するという風習はなかったのであろう。

縁起法頌は釈尊の十大弟子のうちの舎利弗と目連が、それを聞いて仏教教団に入信をする契機となった法の要文である。初め、この法頌を釈尊の初転法輪の際の五比丘の一人アッサジから聞いた舎利弗が心の眼を開いたと伝えられている。法の要文としてこの句が伝承され、石板などに刻まれ、やがて印章に標されて釈尊の舎利のように見立て、小さなストゥーパ（或いはチャイティヤ）に納められるようになったものと考えられる。法頌を舎利に見立てることは大乗仏教の経本（プスタカ）崇拝の思想に繋がる。

原始仏教以来のこの法頌に大乗側からの位置づけを与えたものが『仏説《ぶっせつ》造塔《ぞうとう》功徳《くどく》経』（六八九年、地婆訶羅（ディヴァーカラ）訳）である。この大乗経典では観世音菩薩が世尊に造塔の功徳を問い、それに答えて塔中に安置すべき句（＝縁起法頌）を説くという形式に代わっている。『大正新脩《しんしゅう》大《だい》蔵《ぞう》経』（十六巻）のわずか一頁の上・中段にも足りないこの小経典には経序が付き、それによれば西明寺沙門の円測ら五人の人々とともに二十三日間も要して訳出されている。それほど重要な経典と見做されたのである。経名の「造塔」の塔がチャイティヤではなくストゥーパであることは漢訳の経序から確認できる。先に義浄は『南海伝』で縁起法頌を制底（チャイティヤ）に安置する風習を伝えていたが、同じ義浄の訳出による『浴仏功徳経』では、二種の舎利（身骨舎利・法頌舎利）を卒堵婆（ストゥーパ）に安置すると述べている。義浄の用いたこの経典にはチャイティヤではなくストゥーパとなっていたのである。法頌を実際の舎利として受け止めれば、これを安置するものはストゥーパであるが、義浄当時にはまだ法頌は経典の要文であるという理解もあり、それがチャイティヤに安置するというようになったのであろう。

経文書写の実態

経文を書写するということは当時の一般の人々のできることではない。ジャヤセーナ論師は在家仏教信者（優婆塞）でありながら仏道修行に励み、大勢の人々から尊敬を受けていた。彼の催す法舎利ストゥーパの法会には多くの僧侶を招来して慶を称したと玄奘三蔵は伝えている。『玄奘法師行状』などの伝記には、ジャヤセーナ論師を「居士」であるとしている。専門の書写師かあるいは出家や居士であっても相当な学識のある人々のみが経文を書写できたのである。大乗経典には経本を書写する功徳を強調しているが、三～四世紀頃のインドにおける経本書写の実体を龍樹の『大智度論』（大正新脩大蔵経・二十五巻四百六十四中）が伝えている。文字を知らず経典を読誦することのできない人々は、財を惜しまずに専門家に書写してもらい、それを種々に供養するというのが当時の経本供養の様相であった。富裕な信者は、持てる財を惜しまず専門家に依頼して経本を書写し、それを供養することによって宗教上の功徳を期待したのである。年代的には九～一〇世紀に属するカシュガル写本の『法華経』にも章末には様々な施主の名が記されている。（例えば第一章の最後の部分には「この可布物（慈善）は施主ジャラプンニャのものである」と書かれている。」

こうして書写された経本は、自分で書写するにしても人に依頼するにしても、かれらの期待に反して誤字・脱字などの生ずることもあった。こうした例を『法華経』のネパール写本の一部に窺うことができる。ネパールの国立公文書館に所蔵されている貝葉本の一種（No.4121. 百七十八葉）は、時として経文が数行にわたって脱落したり重複しており、後に校正のために他の人の手でかなり加筆されている。特にこの写本は通し番号にも相当の混乱があり、とてもそのままの順序で読誦されたとは思えない。この写本が専門家の手によるものかどうかは明らかでないが、出来上がった経本は聖典としての価値が重んじられて大切に保管されたものであろう。『薬師如来本願経』には経本（プスタカ）に種々の香華をもって恭敬し、それを五色（パンチャランギカ）の布で包み、清浄な場所に安置すべきことを説いている。

抽象から具象へ

ジャヤセーナ論師が三十年間、法舎利ストゥーパを作っていたとすれば、六世紀の末にはすでにそうした風習が行われていたものであろう。この時期は縁起法頌が粘土製印章に刻まれているのとほぼ時代的に一致するのである。抽象的なダルマが具現化された経本（プスタカ）が如来と同一視され、その経本を崇拝するという、いわば抽象から具象へと信仰の対象が代わっていくのもおそらく西北インドにおける異文化との接触がもたらしたものであろう。経本の出現と書写の功徳の強調は、理法という抽象的なものが具象的な形をとったというだけでない。経本が如来の真実の舎利であって、仏陀の身体そのものであると考えれば、経本が書写されて出現することは、如来の復活がそこに表明されていることになる。仏舎利を納めたストゥーパが釈尊の瞑想している姿をイメージとして導き出すものであっても、そこからはこうした普遍的な復活の観念は現れがたい。イエス＝キリストの復活も元は信徒の心理的なものが、やがて身体を人々に見せるといった具体的な復活の信仰となって語られるようになった。もともとインド的な理解からは、完全な涅槃（ニルヴァーナ）に入った仏陀は何らその跡を残さない。経本という具体的な信仰対象と仏陀の復活の信仰を語る時、大乗経典に説かれる特異な「燃身供養」の信仰をあげなければならない。『法華経』「薬王菩薩品」に登場する「燃身供養」もチャイティヤ崇拝によせた身体の「還復」（復活）の信仰が述べられていると考えられるのである。

II

唐代にいたる仏教の受容と変遷

インドから中国へ――中国仏教の展開

僧侶の着衣と色

中国に初め伝えられた仏教は道教とともに信奉された。老荘思想と結びついた仏教は道安（三一二～三八五）によって格義《かくぎ》仏教であると批判されたが、中国の風土に根を下ろした仏教は、僧侶の着衣にも変容を生ぜしめた。仏教の法衣は「袈裟《けさ》」という、もともとカシャーヤという赤褐色を意味する言葉の音写語である。やがて色を表す「袈裟」の語が衣の名となる。それはインドでは仏教の修行僧たちが、かれらの衣を袈裟色（壊色《えじき》）に染めて着用したからである。インド仏教の初期の修行僧たちの着衣は「糞掃衣《ふんぞうえ》」（パームスクーラ）ともよばれた。糞掃という言葉の原語パームスには砂塵や塵土の意がある。修行僧たちは塵芥のなかに捨て置かれた布を綴《つづ》り合わせて衣としたのである。インドのような暑熱の風土では多くの衣類を必要としない。但し、それは春（熱季）や夏（雨季）でのことで、冬（寒季）はかつての中インドあたりでも摂氏五～六度に下がる。このために修行僧たちは三種の衣〔サンガーティ（大衣）・ウッタラーサンガ（上衣）・アンタルヴァーサカ（中衣）〕を所有することが許された。初期の仏教の僧侶は人々の放置して顧みることのなくなった褸《ぼろ》を綴り合わせて用いた。古い変色した布の色がいわば

「袈裟」色であった。家を出て家の無い状態に入ることを出家というが、出家の僧侶たちの着衣はそれで充分なものであった。この精神が継承されて、信者の施した新しい衣でもことさら黄褐色（或いは赤褐色）に染色して用いることになった。仏教の法衣、袈裟の素材もやがて様々なものが用いられた。大乗仏教になると毳衣《ぜいえ》（毛織物の法衣）が登場する。これもやがて仏教が西北インドから寒さの厳しい地方へと伝わって採用されたものである。

中国仏教のなかの「袈裟」

中国では四世紀末になると僧侶にも官職が設けられた。漢人が僧侶となることが公に認められたのは四世紀初頭である。唐代になると一般の人々の服装も官位によって彩色が定められた。三品以上には紫色、四～五品には緋色、六～七品には緑色、八品には青色が用いられた。紫色を最上視するのは道教の思想にもとづいている。こうした彩色観は仏教の法衣にも影響を与えた。中国では袈裟は僧侶の標識（シンボル）としてはじめて俗服の上に掛けられた。インドでは僧侶の着衣であったものが中国では標識として扱われた。紫衣（この場合の衣は袈裟の意）は唐代に端を発する。則天武后によって下賜されたものが初めである。わが国の玄昉も時の玄宗皇帝から三品の位に準ぜられて紫衣を賜っている。中国の袈裟史に登場する南山律宗の道宣（五九四～六六七）の理解にたいして、やがて直接インドを見聞した義浄は、彼の解釈の誤りを指摘している。しかし道宣にもとづく袈裟の解釈や製法は宋代の元照（一〇四八～一一一六）によって正当視され、わが国に影響を与えるのである。金襴の袈裟も宋代に中国からもたらされた。

中国では袈裟が仏教僧のシンボルとなったが、そうした理解のもとでこの具体的な音写語を僧侶の着衣の総称として確定しようとしたのが玄奘三蔵である。「衣・衣服」を表すサンスクリット語にはヴァサナやチーヴァラ、或いはヴァストラという語がある。「三衣一鉢」という場合の「衣」はこのうちのチーヴァラが用いられることが多い。『阿毘達磨倶舎論《あびだるまくしゃろん》』のサンスクリットテキストでは単にチーヴァラとあるものを玄奘三蔵はことさら「衣」とせずに「袈裟」という音写語にあてて訳している用例があるのである。

階位による分類は袈裟の彩色にも及んだ。ただしそうした中でも釈尊以来の伝統を重んじ、本来の袈裟の色とされる壊色の一つである木蘭色の袈裟を用いた宗派もあった。次第に装飾化された袈裟を憂えて道宣の袈裟を「唐土の新作」であると難じたのがわが国の道元（一二〇〇～一二五三）である。中国人たちが現実を重視するということになると、人々の描く理想の姿も現実と離れたものではない。大乗仏教はもともと人々の希求や願望に応じるという信仰的方向のなかで発展していった。社会的・政治的な勢力に従うということも、ある意味では大乗仏教的な生き方に通じていた。袈裟という具体的な標識の登場によって、仏教という理法を実践する僧侶が視覚を通して確認されることになった。大乗仏教では経本によって理法の具現化が図られ、その理法を実践する人々の姿は中国では袈裟という標識によって明らかになったのである。

具象されるものの思惟

具体的な尊像の登場は、やがて異文化・異民族の人々がそれぞれ理想とする姿を造形に表現することを容認することになる。北魏や唐代になると大きな仏像が、造像の発願主である為政者に似せて彫られているものがあるといわれる。西洋の宗教で偶像崇拝を否定するのは普遍的な神格が、それぞれの理想とする特殊な形で表現されることを恐れるからである。一方、大乗仏教の大菩薩信仰では、仏陀と同じ特性を具えた大菩薩たちは人々の望むいかなる姿にも身を変じて救済すると説く。東アジアの中国や日本では具体的なものをとおして、その背後にある普遍的なものを感得しようとする。わが国の宗派仏教で、それぞれの祖師を重んずるのも、祖師という歴史的人格をとおして背後の理法に触れるという思惟傾向にもとづいている。

輪廻の思想

風土とそれにもとづく思考方法とが密接な関連のあることが指摘されている。インドの輪廻思想は循環的な思考を代表する。輪廻思想にもとづけば、繰り返される歴史はさほどの意義をもたない。これに抽象的なものを重んずるかれらの思惟傾向が加わるから、インドでは歴史を正確に記録して残すということをしなかった。これに対して一回起的（ドイツ語einmalig）な思考では現在にいたる歴史を順序立てて伝えようとする。循環的な思考を湿潤な森林地帯の思考と結びつけ、直線的な思考を乾燥した砂漠地帯の思考と結びつけて説明されることがある。しかし循環的な思考に相対するものがすべて、砂漠的風土と関連する思考ではない。例えば思考の産物としての神話をみても、わが国の『古事記』『日本書紀』に述べられる神話は一回起的なものであり、循環的なものではない。むしろ仏教の輪廻思想によって循環的な思考が浸透したと考えた方がよいかもしれない。

一九八〇年八月、中村元博士を団長とする日中学術交流代表団が中国を訪問したことがあった。筆者はその時、随員として参加する機会をえた。筆者の岳父でもある室伏佑厚（財団法人・食品流通システム協会理事長）が多年の中国との交流を活かしてこの代表団を組織した。文化革命後の中国におけるインド学・仏教学の現状、そして具体的な仏教活動などの興味深い調査をすることができた。中秋の満月、北京飯店で催された懇親の宴席で、中国仏教協会の趙撲初会長は、代表団にたいして次のような漢詩を作って中村元博士に贈った。

隔海東西是一家　〔海を隔てて東西これ一家なり〕
弟兄雙御白牛車　〔弟兄ともに白牛車《びゃくごしゃ》を御す〕
相逢一笑前縁認　〔相い逢う一笑して前縁を認む〕
同在霊山聴法華　〔同じく霊山《りょうぜん》に在って法華を聴く〕

白牛車というのは、『法華経』に述べられる最上の「仏陀の乗」り物を意味する。霊山はインド・マガダ国の霊鷲山《りょうじゅせん》（ギッジャ・クータ、鷲の峰）をいい、釈尊の説法の場所として名高い。「今こうして名月の夜に、兄弟のように睦まじく微笑みながら語ることができるのも、初めての出会いではなく、かつて霊鷲山で共に（釈尊から）法華経を聴いたことがあるからでしょう」という、感慨をこめた趙撲初居士の言葉に懐かしさを感じた。これによく似た理解がすでに宋代の『景徳伝《けいとくでん》灯録《とうろく》』に示されているからである。

個別性を重視すると歴史的事実（先例）も軽んぜられない。中国における仏教経典の受容にもその傾向が表れている。中国人たちが過去の事実を重んずるのは、具体的な過去の出来事に個別性が描かれているからである。そこに「家」や「系譜」といったかれらの社会的観念が入ると歴史的人物と現在との繋がりを説明しなければならない。一〇～一一世紀の道原によって著された『景徳伝灯録』はインドから中国に及ぶ千七百一人もの禅宗の系譜を述べたものである。巻二十七には禅宗の系統には属さないけれども、すぐれた禅者として天台の系譜も挙げている。そこでは南岳慧思《なんがくえし》（五一五～五七七）と彼に師事した智顗《ちぎ》（五三八～五九七）とが、かつて共にインドの霊鷲山で法華経を聴いたとのだと記している。

天台大師智顗は法華経を中心に釈尊一代の教法を体系化した。中国に伝わって翻訳された数多くの仏典を、歴史的人物としての釈尊が説いたものであると考えれば、それらを整理し体系的に解説する必要がある。智顗が経典を「五時八教」に分類したのは歴史的人物としての釈尊が、いつ、何処で、誰に対して法を説いたのかということを解明したものである。これによって経典に階位を与えた。中国に仏教が伝えられた当初は、インド仏教の歴史的発展を考慮することなしに仏典が翻訳された。総ての経典が釈尊の生涯の教説であると考えれば、中国人に最も理解される当時のかれらの社会と同様に、階位による順序だてをする必要があった。智顗はまた中国の身分倫理の説に従って仏教の優位を主張している。仏陀は天竺の王族であるが、荘老は身分の低い官吏にすぎないという。しかし仏教は、帝王を最高の位とする中国の倫理思想や、儒教の身分倫理を損なわない範囲で影響を及ぼした。

唐代の西域状勢と異民族・異宗教

唐代の宗教的交流

晉・南北朝を経て楊堅《ようけん》（文帝）が建国した隋（五八一〜六一八）も二代三十七年で滅んだ。北アジア一帯に勢力を有したトルコ系遊牧騎馬民の突厥《とっけつ》を撃破し、南朝の陳を征して統一国家を築いた隋も高句麗の遠征失敗が命取りとなった。聖徳太子の摂政時代はこの隋の時代から唐初に及んでいる。統一国家として東アジアに君臨した次の唐代は、その安定した政権のなかで東西の文化が盛んに交流された。前漢から唐にいたる都・長安は玄宗時には世界最大の都市として隆盛をきわめ、長安にゾロアスター教の寺院の建立が許可され、ネストリウス派のキリスト教（景教）が伝わるのも七世紀の前半のことである。この頃、西アジアではマホメット（ムハンマド）がメッカの無血征服を果たしている。そしてマホメットの没後二十年たらずでイスラーム教が中国に伝わっている。アラブ商人の来航にともなって広州や揚州では交易が盛んに行われ、中

来訪者たち

央アジアに住むイラン系のソクド人（粟特）などの往来も唐代の国際性を豊かにした。

西アジアではササーン朝ペルシア（六四二年倒れる）の崩壊からイスラーム帝国にいたっている。ササーン朝ペルシアはパルティアに代わるイラン人の建国した王国である。ゾロアスター教の名で知られるイラン人の宗教は今日でもインドのボンベイを中心に僅かながら信仰を現在に伝えている。しかしアルサケス朝のミトラダテス二世（前一二三～前八七）の頃には、ゾロアスター教はイラン帝国の国教として、帝国の統治するインド周辺からメソポタミアにまでその影響を与えていた。ゾロアスターという名称はイランの預言者ザラスシュトラが古代のギリシア人にゾロアストレスという名で知られていたためにこう呼ばれている。ゾロアスター自らが作ったといわれる十七章の詩歌「ガーサー」は口伝によって伝持されてきたが、ササーン朝の時代（二二六～六五一）に文字に書き写された。もともとアーリヤ系のインド人とイラン人とは祖先を同じくしており、インド・アーリヤ人によって作成された『リグ・ヴェーダ』とゾロアスター教の聖典『アヴェスター』は言語や神名などに共通したものが多い。

ゾロアスター教とその影響

特に啓示によって開かれた最古の宗教として、ゾロアスター教の教理や来世観は世界の諸宗教に影響を与えている。ロンドン大学のメアリー＝ボイス教授は自著『ゾロアスター教史』のなかで、「ゾロアスターの来世観の教えは、個々の審判や肉体の復活、最後の審判、永遠の生命などと共に、こうした観念の借用をとおして、ユダヤ教、キリスト教、イスラーム教などに非常に馴染みの深いものとなった。そして多くの国土の人々の生活や思考に計り知れない影響を与えた」と述べている。特にゾロアスター教が西北インドに及ぼした影響は大きいものがある。前にも述べたように西北インドは大乗仏教の興起とも関連が深い。サオシュヤント（救世主）信仰はユダヤ教やキリスト教だけでなく、大乗仏教とも繋がりがあるといわれている。但しインドの仏教部派のサンスクリット語で書かれた論書にはペルシア人を非難する言葉が見える。かれら「パーラシーカ」（ペルシア人）たちは、自分の母親や姉妹とも同衾すると言うのである。ヘロドトス（前四八五～前四二五頃）と同時代のクサントスも、これと同じようなことを述べている。それは、かれらのフワエートワダサ（近親婚）をいうのである。ゾロアスター教の初期の時代には教徒も少なく、かれらの連帯を強めるために近親結婚が勧められた。アケメネス朝のカンビュセスがこうした近親婚を初めて行ったと言われている。M・ボイス教授によるとこの風習は前六世紀から後一〇世紀頃まで王侯や祭司・庶民の間で広く行われていたとのことである。この教徒が一般に「拝火教徒」（a fire worshipper）と呼ばれるのは、ゾロアスター教では寺院が建立されるようになると火がとりわけ神聖な礼拝の対象となったからである。仏（ボサツ）の像やキリスト教の聖像に現される光背は、イラン的モチーフのフワルナフ（光輪）思想が影響を与えている。

イスラーム教とその勢力

イスラーム教を回教というのは、トルコ系のウイグル族（回族）が信奉していた宗教という意味で中国人たちが用いた言葉である。そこでイスラーム教を意味する語としては「回教」と呼ぶのは本来は正しくない。今日、北京大学の構内には教職員や学生のための食堂がある。この構内に回族の人々の食堂棟が別にあり、イスラーム教を信奉するかれらは食事上の規制を守るこの食堂を利用する。セム（セム語族の言語を用いる民族）的一神教に属するこの宗教はユダヤ教やキリスト教と姉妹宗教である。マホメットが育った時代は、ササン朝ペルシアと東ローマ帝国との戦いの時代であった。陸路の通商路が断たれると、海路を利用しイエメンから紅海にそってシリア・エジプトにいたる隊商の路が脚光を浴び、ヒジャーズ南部の商業都市メッカは東西交易の中継地であった。啓示を得る前のマホメットも、育ての親である伯父とともに隊商に加わって度々シリアに出掛けている。アラブ（イスラーム）商人たちの観察した世界は正確なものであった。すでにマガリヤエンス（マゼラン）の船隊が世界一周を果たして実証した年（一五二二）よりも二百年以上も前に、アラブ地理学者は大地が球形であることを知って地球儀を作っている。

現在、イスラーム教は世界に約十億の宗教人口をもっている。イスラームという言葉は「帰依する」という意味のアラビア語からの派生語で、神への帰依をいう。もともと聖典コーランの教えは、当時のアラビア半島を含む社会的な状勢が宗教面に反映されていた。孤児への後見、利息の禁止、飲食物にたいする規制などもかれらの生活と深い関わりがあった。「ジハード」（聖戦）は異教徒にたいするイスラーム教徒の戦いとされるが、もとは奮闘努力を意味する。玄奘三蔵がインドを訪問した七十年後にはイスラーム教徒が通商路に沿って西北インドに進入している。八世紀の初めである。やがて一一世紀の初めにはインドの中央部にまでイスラーム教徒が侵入し、一三世紀初頭には北インドを支配した。偶像を否定するイスラーム教徒たちは、西北インドから北インドに及ぶ、かつて栄華を極めた仏教寺院にも壊滅的な打撃を与えた。将軍クトブディーン＝アイバクがインドにおける最初のイスラーム王朝を開き、奴隷王朝（一二〇六〜一二九〇）と呼ばれた。インドのイスラーム化はその後のムガール（蒙古）帝国によってほとんど全インドに及ぶが、イスラーム教がインドの民衆に受け入れられるのには神との合一を目指すスーフィー神秘主義者たちの果たした役割が大きい。

啓示をうけるマホメット（ムハンマド）

チベットとラマ教

唐代の近隣諸国の中でもチベットと中国との関係は深い。インドではチベットをボータ（吐蕃・西蔵）と呼んでいた。ソンツェンガンポ王（在位六一七〜六四一）の時に仏教はチベットに伝来している。七世紀になるとチベットの国威が強大になり、王は唐から文成公主を妃として迎えた。文成公主が深く仏教を信奉していたことによってチベットに仏教が入った。王は仏教に帰依し、一説によると六三九年にトンミサンボータがインドに派遣され、チベット文字や文法書がこれによって作られたという。ヤルツァンポ河支流ぞいのラサは、唐代からチベットの首都として栄えた。八世紀のチーソンデーツァン王の時代になるとインドから直接僧侶が迎えられた。かれらは後期の大乗仏教を代表する密教を伝えた。チーソンデーツァン王は唐に使節団を派遣している。漢訳の仏典にはチベットを「赤面国」と呼ぶことがある。古代のチベット人たちは顔に赤土を塗っていた。文成公主はこの風俗を嫌い、王はしばらくそれを止めさせたと伝えられている。八世紀のチベットはアジアで最も強大な軍隊を擁していた。チベット人たちは移住の生活をしていた。八十万平方キロに及ぶ高原と荒漠たる風土の中での生活では、遺骸を埋葬するという風習が育たなかった。遺骸を刻んで鳥のついばみに任せるチャトル（鳥散）の風習が生まれたのもそのためである。

チベット仏教は一般にラマ教（ラマイズム）と言われているが、チベット人自身の呼び方ではない。ラマには「師匠・優れた人（上人）」の意味がある。中世にチベット仏教の改革者ツォンカパ（一三五七～一四一九）が厳格な戒律仏教を提唱し、それまでの紅帽（ニンマ）派から独身主義の黄帽（ゲールク）派を創始した。この黄帽派からチベット仏教の宗教的指導者ダライラマが出た。ダライは蒙古語で「海」を意味する。観世音菩薩の化身としてダライラマには三宝（仏・法・僧）

を越える地位が与えられた。ラサのポタラ宮殿の名は、南インドにあると信じられている観世音菩薩の霊場ポータラカ（補陀落山）に因んだもので、一七世紀の第五世のダライラマの時に設営された。北インドのダルムサーラに移り、インドに亡命したチベット人たちの宗教的指導者でもある現在のダライラマ（テンジンギャムツオ）は一四世である。活仏《かつぶつ》とはチベット仏教の僧侶の中でも特に徳の高い高僧をいい、かれらは転生すると信じられている。活仏の中でもダライラマとパンチェンラマが名高い。ダライラマは死後四十九日を過ぎると赤ん坊となって再生すると信じられている。最近代にも百六十人もの活仏がいた。筆者は一九八二年に中国を訪問した折り、北京で人民服を着た一人の小柄なチベット人を紹介された。南アジア研究所の黄心川教授から「かれはリヴィング・ブッダだったのですよ」と英語で言われ、活仏としての宗教的権威を離れ、遠来の日本人に笑顔を向ける年老いたそのチベット人の姿に複雑な気持ちであった。

ラサのポタラ宮殿

　チベット仏教の聖典をチベット大蔵経という。大蔵経というのは、経（典）・（戒）律・論（書）の三蔵（トゥリ・ピタカ、三つの籠の意）を総称した言葉で、一切経ともいう。玄奘三蔵ほか、著名な中国仏教の僧侶を三蔵あるいは三蔵法師と呼ぶのは、一切経に精通した法師という意味である。チベット大蔵経はカンジュル（経・律）

とタンジュル（論）とからなり、古くは一三世紀に開版（ナルタン古版）されている。その後にもナルタン新版、一八世紀のデルゲ王の時代のデルゲ版、チョーネ版、北京版、ラサ版などのチベット大蔵経が版を重ねている。中国では時代を経て重訳された漢訳経典は古いものでも伝わっているが、チベット訳の経典は古いものは破棄されて訳出の新しいものだけが伝わっている。訳出された経典の原典はサンスクリット語の経典のみでなくパーリ語の経典から翻訳されたものや、漢訳からの翻訳もある。

中国のなかのチベット仏教　中国の解放政策によって、それまでは秘境として閉ざされていたチベットの寺院やかれらの風土が時折テレビなどで紹介されている。その中で、日本の報道陣からの謝礼をうけたあるチベット寺院で、僧侶たちに御馳走が振る舞われる光景があった。それには肉が調理されていた。厳格な仏教の修行僧たちが肉食をすることは意外と思うかもしれないが、チベットの僧侶たちは肉食をすることもある。しかし、寺院ではめったに肉を口にする機会はない。富裕な人々からの供養があったり、大きな法会があると、寺院でも肉が供される。但し、僧侶たちは魚肉は食べない。かれらチベット仏教徒たちが唱える真言が「オーム・マニ・パドメー・フーム」（オーム、蓮華の上のマニ珠よ）という言葉である。最近は日本の市井でも「オーム」という言葉をよく耳にする。インドでは聖典を唱える時に初めにこの聖音を口にする。もとは承諾を意味する言葉で、聖書のアーメンに相当する。インドでは修行に励む人が、別れの挨拶の時に合掌をして、「オーム、シャーンティヒ」と言うことがある。シャーンティは静穏や平和を意味する。

北京には大きなチベット寺院がある。北京は一五世紀以降の明朝の首都である。東アジアでは明朝に先立つ蒙古帝国が元（一三～一四世紀）であるが、チンギス＝ハンの孫フビライ＝ハンがチベットを征服した時に、彼はチベット仏教のサキャ僧院長の教化によって仏教に帰依した。その後、サキャ派の僧侶が代々、元の「帝師」としての地位を与えられた。フビライ＝ハン（世祖）によって南宋が滅ぼされ、中国がモンゴル民族によって統一されたが、この時代から中国とチベット仏教との繋がりが強くなる。

民族文化官内の貴重図書室前にて

現在、中国では北京の民族文化宮に貴重な仏教資料が保管されている。一九八二年、中国訪問の際に、この文化宮の貴重図書室に案内された。筆者家族と親交のある季羨林教授の計らいもあって、文化革命後、貴重図書を閲覧するのは日本人としては初めてのことであった。この文化宮には現在二百帙《ちつ》ほどのサンスクリット仏典写本の他、チベット語訳経典などが大切に保管されている。特に明代に書写されたチベット仏典は盛り上がるほどの金泥で書写され、その一帙が何と三十キロもある見事なものもあった。また文化宮に保管されているサンスクリット写本はほとんどが一九三〇年代にラーフラ＝サーンクリトヤーヤナによるチベット古寺探索によって発見蒐集されたものである。中国では自治区チベットで発見されたサンスクリット写本を文物管理局のもとで管理し、その中でも貴重なものは北京の文化宮に貴重図書扱いとして保管してきた。この訪問時に意見を求められ、丁度、筆者の属する共同研究グループが『梵文法華経写本集成《ぼんぶんほけきょうしゃほんしゅうせい》』を出版してきたこともあって、文化宮に保管されている『法華経』サンスクリット写本一種が一九八五年に実物大のカラー印刷で出版された。一九八八年秋に訪問した際、文化宮のサンスクリット写本目録に眼を通したが、その中にはこれまでその存在が確認されていない阿毗達磨《あびだるま》関係の資料があった。ゆくゆくはそれらの資料も写真版で出版したいとのことであった。

III 玄奘伝

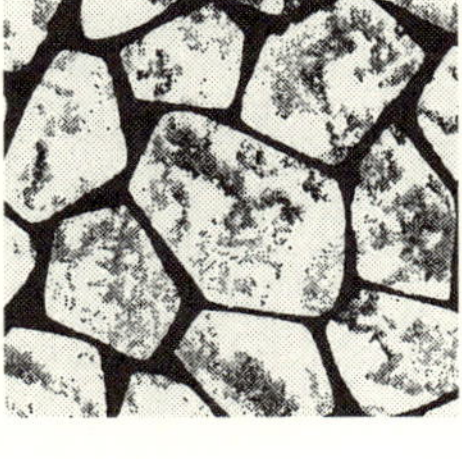

おいたち

玄奘三蔵は古都洛陽の東南の緱氏県《こうしけん》（河南省）の出身で、陳を氏姓とする名家に生まれた。玄奘というのは出家してからの諱《いみな》で俗名は陳褘《ちんい》といった。彼の家系は漢人として後漢時代まで遡れる名門である。玄奘三蔵の史実を伝える資料としてしばしば引用される『大唐大慈恩寺三蔵法師伝《だいとうだいじおんじさんぞうほうしでん》』〔『慈恩伝』〕や『大唐故三蔵玄奘法師行状《だいとうこさんぞうげんじょうほうしぎょうじょう》』〔『行状』〕や『西域記』などには、父の陳慧には四男があり、玄奘三蔵は末っ子であったという。以下にはこうした伝記を中心に玄奘三蔵のおいたちと生涯を眺めていくことにする。

年少の出家

玄奘の曾祖や祖父は太守や国子学の博士（教官）などに任ぜられている。玄奘の父も長身で目鼻立ちの整った（美眉明目）英潔な人物であった。彼は儒者の服装を身に纏《まと》い栄進にはこだわらない生活をしていた。玄奘三蔵の生年には異説がある。一般には隋の文帝の開皇二十（六〇〇）年と見做されているが、以下では具足戒《ぐそくかい》をうけた武徳五（六二二）年を満二十歳とする説に則って仁寿二（六〇二）年を生年として扱うことにする。玄奘三蔵には男兄弟の他

隋の煬帝

に張氏に嫁した姉が一人いた。幼少の陳褘は温厚で聡明な少年で、父親から口授によって儒教の典籍を学び、仲間と戯れたり群れることを欲しなかった。二番目の兄は長捷《ちょうしょう》法師といい、出家をして洛陽の浄土寺（浄土道場）に住していた。陳褘少年が仏典に親しむようになるのはこの兄の感化によるものであった。時に隋末の煬帝《ようだい》が、新たに洛陽で二十七人の僧侶を度するという勅令を出した。日本の中古の時代の年分度者がそうであったように、僧侶になるのには国家の許可を得なければならなかった。この時に学業の優れた志願者たちが二十七人の定員に対して数百人にも及んだ。年少のために選考の対象とはならない陳褘少年は役所の門の辺に立っていた。この少年に目を止めたのは大理卿の鄭善果《ていぜんか》という官吏であった。彼は少年に出家を志す動機を尋ねた。少年は怖じることなく「如来のあとを継承し、遺法を輝かしたいと願っているのです」と答えた。鄭善果は少年の志を頼もしく感じて、特別に官僚たちに推薦した。「経典の読誦はたやすいが、僧侶としての風格はそれとは別である。この少年を得度させれば、必ずや仏門にとって偉大な人材となるであろう。ただ私も諸公も老年であり、残念ながらこの少年が将来大成して、甘露の法雨を宣説する姿を見ることはないであろう。」

こうして出家が叶った玄奘三蔵は、兄の長捷とともに勉学に励んだ。景法師から大乗経典の『涅槃経《ねはん》』を学ぶ際には寝食を忘れて熱中し、厳法師に『攝《しょう》大乗論』を学ぶ時にはひとたび聴聞すればすべてを理解しようとする熱心な勉学態度であった。再度、論書を閲覧する時には学び残すことのないほどであったという。この時、玄奘三蔵はわずか十五歳(『慈恩伝』は十三歳)であった。隋の煬帝は三回におよぶ高句麗の遠征が失敗し、それが起因となって各地での反乱を引き起こして、遂に臣下によって命を奪われた。煬帝の孫にあたる恭帝はこの年(六一八)に隋の武将・李淵に位を譲った。この李淵が唐の初代の皇帝(高祖)である。玄奘三蔵の伝記は、「帝都は暴徒や盗賊の巣窟となり、白骨が巷に散らばっている」という隋末から唐初にかけての世の中の混乱したありさまを伝えている。

玄奘三蔵は兄長捷とともに動乱を避けて洛陽を離れ、李淵の統治する長安に移った。ところが長安も未だ唐朝の草創期の混乱で仏教の講席も開かれていない状態であった。当時の仏教界も混乱を避けて洛陽を離れた。煬帝の建立した四つの道場に住む名高い僧侶たちも洛陽(東都)から西方の長安、さらに西南方の成都へと移った。成都はもと三国(魏・呉・蜀)の一つ、四川で建国した蜀の都である。四川盆地の都市・成都は西域との交易の重要な拠点であった。この豊かで平安な成都に徳の高い僧侶たちが集まった。玄奘三蔵や長捷もこの成都へと向かった。成都では空慧寺に住した。この地で玄奘三蔵は正式な僧侶としての戒律を受戒している。武徳五(六二二)年、玄奘三蔵が満二十歳の時である。正式な僧侶としての具足戒は満二十歳に達しなければ受けることはできなかった。『慈恩伝』に述べる「益部での経論は研綜すること既に窺まれり」という益部は益州（成都地方）のことである。

求法者としての願い

兄弟の類まれな才能は成都においても人々の注目を集め、東晉代の名高い学僧であった盧山の慧遠・慧持兄弟の名声を凌ぐほどのものであった。玄奘三蔵は成都での勉学を究め、再び唐の都・長安に入ることを願った。仏教のみならず内外の典籍にも学識の深い兄の長捷は成都の人々から慕われていた。しかし、求法者としての玄奘三蔵にとっては成都にこれ以上留まる理由はなかった。ところが出家修行僧としての厳しい規則が妨げとなり、また兄・長捷が成都に留まることを決めていたために実現が出来なかった。求法の思い止みがたい玄奘三蔵は、ひそかに三狭を通う商人の群れと連れ立って舟で揚子江を河沿いに遁《の》がれ、荊《けい》州（湖北省江陵県）の天皇寺に至った。この地で請われるままに夏から冬にかけて三度論書の講義を行った。この時に荊州の都督であったのが漢陽王李瓌《りしょう》である。彼は玄奘三蔵の来訪を喜び、群僚や道俗を引き連れて講義を聴聞している。

やがて講義を終えた玄奘三蔵は、更に北上して相州（河南省）に至り、八か月の間碩学《せきがく》として名高い慈潤寺の慧休について論書を学んだ。慧休は『婆沙《ばしゃ》論』などの論書に造詣の深い学僧である。続いて趙州（河北省）では道深について十か月の間『成実《じょうじつ》論』を学んでいる。目的地である長安に入った玄奘三蔵は名高い高僧に会って更に学識を深め、大覚寺では道岳法師から『倶舎論』を学び終えた。長安に帰着した年は武徳七（六二四）年のことである。長安で当時特に名高かったのは法常と僧辯の二人であった。彼等は玄奘三蔵を讃えた。「あなたは釈門のなかでも千里の駒とも言うべき人である。再び釈尊の教えを明らかに輝かすのはあなた以外にはない。老輩の我等がその時あなたの姿を見ることができないことが残念である。」こうした讃辞を得て、いよいよ玄奘三蔵の名声は長安の都の内外に伝わることとなった。

一方、あまねく四方の碩学について仏教を学べば学ぶほど、疑問がいよいよ深くなっていった。かれら高僧の説くところはそれぞれもっともな主張があるが、聖典に照らし合わせてみるとその所説に異同がある。はたして何に従い行ったらよいのであろうか。玄奘三蔵は国内で仏教を学ぶことの限界を感じた。西方（インド）に行けばこれまでの疑惑に答えられる師もいることであろう。翻訳された経論のもとの原典にはいったいどのように記されているのだろうか。『十七地論《じゅうしちじ》』（瑜伽《ゆが》師地論《しじ》）も、もし原典さえ手に入ればこれまでの疑問が解決される。「その昔、法顕や智厳は法を求めてインドに向かい、持ち帰った教法によって人々を教え導いた。かれらはその時の士である。その跡を追わずに、仏道の清風を絶やすことがあってはならない。」玄奘三蔵はインドに赴く決意をした。玄奘三蔵の訪印の目的は、西方で見聞し勉学をした成果をたずさえて帰国し本国で伝揚することであった。

旅立ち

許可のない旅立ち

玄奘三蔵の旅立ちは『慈恩伝』では貞観三（六二九）年の八月となっている。唐の高祖・李淵を幽閉し、競争相手の兄弟をなきものとして即位したのが唐の第二代皇帝の李世民（太宗）である。高祖の武徳年間は九年で幕を閉じ、続く太宗の貞観年間が始まる。貞観元年から三年にかけて、天災や飢餓が続いた。貞観三年には玄奘三蔵は二十七歳になっている。玄奘三蔵は初め仲間とともに西域に行く陳表をした。当時は玉門関以西の往来は禁じられていた。当然この願いは退けられた。国法を犯してまで険路に挑もうというのは並大抵のことではない。仲間も次々と去り、ただ玄奘三蔵独りとなった。出発に先立つある夜に夢を見た。

〔大海原に宝石で燦然《さんぜん》と輝く須弥山《しゅみせん》が聳《そび》えている。海は波濤がさかまき山に近づこうにも船もなければ筏もない。それをものともせずに海に入った。すると不思議なことに足を下ろすと石のような堅固な蓮華が海中に生じた。そして足を上げると消え去った。忽ち海中を歩いて山裾に至った。ところが険しい斜面で上がることはできない。試しに身を躍らせてみると疾風が吹いて難無く山頂に到達できた。頂きからの眺めは四方が開けて遮《さえぎ》るものもない。〕玄奘三蔵は喜びに満たされて目

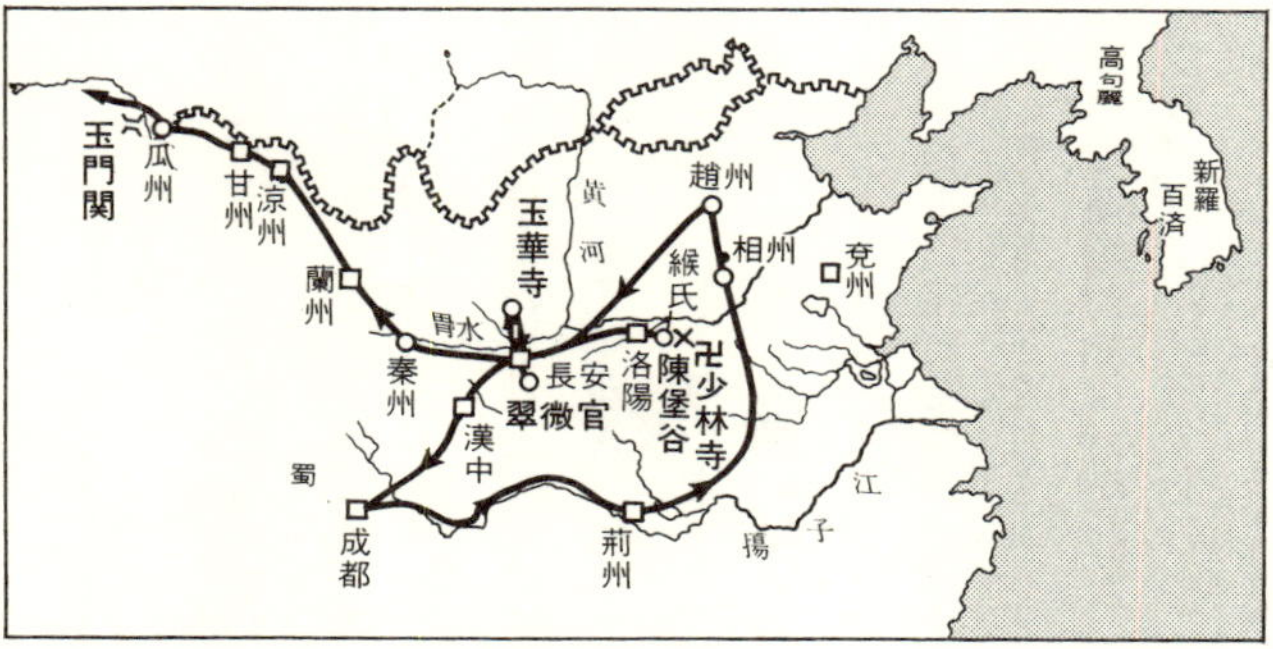

玉門関までの道のり

が覚めた。夢はこれからの求法の旅立ちを暗示するかの如くであった。

正式の出国許可もなく玄奘三蔵は長路の旅に出た。秦州までは孝達という僧と同行した。彼は長安で仏教を修め故郷に帰る途中であった。秦州の宿で次の蘭州までの道連れができた。蘭州からは官馬を送って戻る途中の男と連れ立って北上し、涼州（武威）に着いた。涼州は都督府のあった場所である。当時西方の周辺諸民族を統治していた。商人がさかんに往来するシルクロードの要地でもある。この地に玄奘三蔵は約ひと月の間留まり、人々の懇請をうけて仏教の講義を行っている。これによって婆羅門《バラモン》国（インド）に求法の旅を続けようとする玄奘三蔵の名声は日を追って広まった。時の都督・李大亮は、長安から来た僧侶が西方に向かおうとしているという報告を受けた。太宗の御宇になってまだ日も浅く、国境を警備する都督としての立場から李大亮は玄奘三蔵を呼んで長安に戻ることを命じた。

この時に運よく、涼州ではその聡哲さが知れ渡っていた恵威法師という思わぬ助け人が現れた。彼は玄奘三蔵の志を深く喜び、恵琳・道整という二人の弟子をつかわして密かに西に向かって逃れさせた。

『慈恩伝』では涼州から先、瓜州（甘粛《かんしゅく》省安西県）までは昼間は人目を避けて潜伏し夜間に旅を続けたと伝えている。瓜州までは甘州・粛州（酒泉）を通過する。瓜州の長官独孤達は僧侶の来訪を喜び、厚くもてなしてくれた。勿論、国法を犯しての密出国である。玄奘三蔵はその素性を明かせない。独孤達に西路の状況を訊ねた。「瓜州から先は北上すると対岸に渡ることのできない深い急流の河があり、その上流には玉門関がある。西に行くには必ずこの路を通らなければならない。関の外には西北に五つの烽台が続いている。烽台と烽台との間は百里〔約五里を一マイル（一・六キロ）とみる〕あって水もない荒野である。それを越えると伊吾国である。」玄奘三蔵はこれを聞いて憂いに沈んだ。また気の毒なことにこの地まで共にやってきた馬が死んでしまった。出国も出来ぬままひと月ほど滞在を余儀無くされた。この間に涼州からの通報が届いた。「玄奘という僧侶が、西方の蛮人の地に向かっている。所在の州や県は厳しく見張り、そして捕えよ。」

胡人との出会い

瓜州の役人・李昌がその文書を受け取った。通報を手にした李昌は誰にも告げずに、寺に留まる玄奘三蔵のもとにやって来た。「あなたがこの玄奘という僧侶ではありませんか。隠さずに話してください。決して悪いようにはいたしません。」玄奘三蔵は初め躊躇していたが隠さずに語った。「早くこの地をお去りになる方がよいでしょう。」李昌はその志に感動し玄奘三蔵の目の前で通報を破り捨てた。涼州からついてきた二人の小僧も一人は敦煌に去り、残った恵琳もこの先の長路を考えてもとの寺に返してやった。玄奘三蔵は手元にある財物を売って馬を一頭手に入れた。しかし馬の引き手がいない。ある日、道場に安置してある弥勒像の前で礼拝をしていると一人の胡人（異国人）がやってきた。石槃陀という名のこの胡人は玄奘三蔵に戒を授けてほしいと懇請した。彼のために在家の保つべき五戒を授けるとたいそう喜んで帰り、再び玄奘三蔵のもとに餅や菓子を持ってやってきた。その容貌や態度を見てもしやと玄奘三蔵は西域求法の決意を明かした。すると彼は「あなたを送って五つの烽台まで参りましょう」と答えてくれた。石槃陀のために別に馬を買い求めた。

翌日、日が暮れるころ待ち合わせをした草原で待つと、石槃陀がやってきた。彼は年老いた赤色の馬の背に乗った老胡人を連れていた。「この翁は今までに三十回も伊吾国を往来し、ほとんどの道に通じているので一緒に連れてきた」と彼は言った。年寄りの胡人は玄奘三蔵に会うと西域の旅を断念するように言った。「西域の路は険難で鬼魅《きみ》や熱風が襲ってくる。大勢で旅をしてもしばしばその消息が不明となる。ましてあなたは一人で旅をしようとする。命を粗末にすべきでない。お止めなさい。」玄奘三蔵は答えた。「わたしは偉大なる仏法を求めて西域に向かっているのです。婆羅門国に到達できなければ再び生国には戻りません。たとえ道の半ばで死ぬことがあっても後悔はいたしません。」この言葉を聞いた老胡人は言った。「それではわたくしの馬に乗ってお行きなさい。この馬はすでに伊吾国を十五度往復しており、身体も剛健で道もよく知っております。あなたのその馬では旅行を堪えることはできないでしょう。」

玄奘三蔵は長安を発つ前に阿弘達という占い師に旅行を占ってもらったことがあった。弘達はその時、こう占った。「あなたは無事に出国できるでしょう。その出国のありさまは、鉄の金具の附いた漆塗りの鞍を附けた年老いた赤色の痩せ馬に乗っています。」この占い師の言葉を思い出して老胡人の馬を見ると、その言葉通りの姿をしている。玄奘三蔵は早速、自分の馬と交換してその老いた馬を得た。老胡人は大喜びであった。あるいはそれも老胡人が馬を換えさせる手段であったかもしれないが、この老馬が後に玄奘三蔵を助ける大切な役目を果たすのである。

出国の固い決意

夜、暗闇に乗じて石槃陀と共に瓜州を出た。やがて流れの急な河に至り、遙かに玉門関が闇に浮かんだ。さらに河を十里ほど遡って行くと河幅が一丈余りの場所に着いた。石槃陀は傍らの梧桐の林に入ると、樹木を伐って橋を渡し、草や沙を上に敷いて先ず馬を越えさせた。続いて玄奘三蔵も渡った。初めの関門を越えた二人は、明け方まで馬の荷を解いて休むことにした。五十歩ほど離れた処にそれぞれ身体を横たえた。するとほどなく石槃陀は身体を起こして鞘から刀を抜き、静かに玄奘三蔵に近づいてきた。あと十歩ほどの処に近づくと躊躇って戻って行く様子である。玄奘三蔵は気配を感じて身体を起こし、経を誦して一心に観世音菩薩を念じた。石槃陀はその姿を見てもとの場所に戻り、刀をおさめると寝てしまった。

石槃陀には初め国禁を犯しても玄奘三蔵の出国を助ける気持ちはあったのであろう。しかし次第に命の保障もなく呑む水とてもない長い道程を思い、家族の事を考えると引き返す気になった。翌朝、出発に際して彼は玄奘三蔵に帰還を勧めた。しかし玄奘三蔵の決意は変わらなかった。石槃陀は刀を抜き弓を張って西域への旅を断念させようとするが、遂に引き止めることはできなかった。玄奘三蔵は彼に一頭の馬を与えこれまでの労を謝して別れた。馬を引く連れもなくなった玄奘三蔵は砂漠に散らばる白骨や獣糞などをたよりに道を進んだ。すると数百もの軍勢らしきものが遠景に現れた。近づくにつれてその姿もぼんやりしている。さては賊の集団かと怪しんだが、近づくと消え去ってしまった。妖鬼（蜃気楼）の仕業であった。

西域への旅

烽台での休息

八十里ほど進むと第一の烽台が見えてきた。監視に見つかるのを恐れて砂丘の溝に身を隠した。夜になって烽台に近づき、西側に泉を発見した。喉を潤し手をそそぎ、さて皮袋に水を汲もうとすると突然、矢が飛んできて玄奘三蔵の膝をかすめるようにして近くに刺さった。再び矢が走った。見つかったのである。「わたくしは都からやって来た僧侶だ。怪しい者ではない。矢を射るな。」大声を出して自分の存在を知らせると、自ら馬を牽いて烽台に向かった。烽台の城門が開き、確かに僧侶であることがわかると兵士は玄奘三蔵を門内に導いた。烽城を守っているのは王祥という武官であった。炎で照らしその不審な人物を見ると確かに姿が河西の僧侶とは違う。王祥は敦煌の出身であった。彼のもとには、婆羅門国を目指す玄奘三蔵はすでに東に帰還したという報告が届いていた。その僧侶が玄奘三蔵であることがわかると、王祥は罪を問うことなくむしろ畏敬の念を生じた。彼は玄奘三蔵に、困難の待ち構える西域には行かずに、敦煌に行って徳の高い師について仏教を学ぶことを勧めた。玄奘三蔵の決心は揺るぎないものであった。「師にここでお会いできたことはこの上もなく幸せなことです。どうぞ疲れたお身体を休めてください。明朝、わたくしが途中までお送りいたしましょう」。

翌朝、王祥は部下に命じて充分な水や食料を準備させると、十余里の道程を自ら送ってきた。「師よ、この道を辿って第四の烽台に向かってください。そこの武官は王伯隴といい、わたくしの一族です。彼も善人です。わたくしがそこを通るように告げたと話してください。」王祥はそう言うと泣いて別れを惜しんだ。玄奘三蔵はやがて第四の烽台の近くに辿りついた。第一の烽台の時のように、水を汲んでそこから立ち去ろうとすると、矢が飛んできた。そこで玄奘三蔵は武官にわけを話すと、彼は喜んで城内に泊めてくれた。翌朝、大きな皮袋に水や食料を詰めさせ、馬の餌にする麦も与えて途中まで玄奘三蔵を見送り、彼はこう語った。「師よ、第五の烽台はお避けになるがよいでしょう。監視たちも疎卒ですから思わぬ間違いが起こるといけません。ここから百里ほど行けば野馬が水を呑む泉があります。そこで水を得られるのがよいでしょう。」

砂上の彷徨

これから先は八百里を越える莫賀延磧《ばくがえんせき》の砂漠である。空飛ぶ鳥も、走る獣も、水もない。砂は河のように流れ動くことから古くは沙河ともいった。玄奘三蔵は『般若心経』を一心に唱えて砂漠を渡った。百里ほどを過ぎて道を誤ったことに気づいた。王伯隴が話してくれた泉が見当たらない。さらに不運なことに皮袋の水を呑もうとした途端に重さで手が滑り、水が零れてしまった。これでは東に引き返し、第四烽台に戻る他はない。玄奘三蔵はかつて決心をしたことを思い出した。「天竺に到達するまでは生涯一歩も東には戻らないと心に決めた。東に戻って生き長らえるよりはむしろ西に進んで行って死のう。」気を取り戻すと再びたずなをとり、観世音菩薩を念じて西北方に進んだ。あてどもない砂漠を五日四夜の間ただ進んだ。砂漠に倒れた動物の死骸が燐火となるのであろう。夜にはあやしげな妖火が星のように燃え、昼には砂が嵐のように吹きつける。この五日の間、喉を潤す一滴の水もない。昼は乾き、飢えと疲労で玄奘三蔵も赤馬もこれ以上一歩も先に進めなくなってしまった。「わたくしは財宝や名誉がほしいのではありません。無上の仏法を求めてやって来たのです。観世音菩薩、あなたは一切の衆生を憐れんで苦しみを救ってくださるのではありませんか。玄奘の苦しみには気づかれないのですか。」砂上に身体を横たえ薄れる意識の中で一心に観世音菩薩を念じた。

その夜中、俄《にわか》に涼風が吹いた。堪え難い暑熱のなかで冷水を身体に注がれたような気持ちがして玄奘三蔵は目が醒めた。見ると傍らに横たわっていた馬が立ち上がっている。生き返ったような気持ちであった。しばらく身体を休め、夜が明けぬ前に再び馬に乗った。十里ほど進むと馬は急に進む方角を変えた。いくら元に戻そうとしても言うことを聞かない。そのまま数里進むとなんと草が青々と茂っている場所に到着した。玄奘三蔵は馬から下りて、思う存分餌を食べさせた。なんと近くには鏡のように澄んだ池があるではないか。助かった。至誠が菩薩に通じたのであろう。老胡人と交換した老馬が玄奘三蔵の命を救ったのである。池の辺でその日は一日ゆっくりと身体を休めた。

その後、二日かかって流砂の砂漠を越え伊吾に着いた。現在の新疆ウイグル自治区の哈密（ハミ）地方に当たる。一寺院に入ると、そこに中国の僧侶が三人住していた。その内の一人の老僧は、遠路はるばる訪れた同郷の玄奘三蔵を素足のままで出迎え、同郷人への懐かしさのあまりしっかりと抱くと涙をこぼした。その気持ちは玄奘三蔵とても同様であった。伊吾の王は自らの居城に玄奘三蔵を招き厚くもてなした。たまたまこの時、高昌国からの使者が本国に戻るところであった。彼は帰還して国王・麴文泰《きくぶんたい》に玄奘三蔵の到来を伝えた。王は早速、使いを派遣して来訪を懇請した。数十頭の馬に乗る臣下たちを出迎えさせ、固辞できなくなった玄奘三蔵は高昌国に立ち寄ることにした。麴文泰は唐の太宗とも親密な交際があり、同時に篤い仏教信者であった。初め玄奘三蔵は天山山脈の北麓を通る計画であったが、ここに至ってそれを変えることになった。

高昌国への招聘

六日間の行程で高昌国の国境に着いた。高昌国は現在のトゥルファンの近くに当たる。伊吾までの連れであった老いた赤馬は後から来させ、途中何度も良馬を乗り換えた。国境に達したときには日も暮れていた。更に進んで夜遅く王城に到着した。王は灯燭を灯し、侍従たちと共に城を出て玄奘三蔵を迎えた。「わたくしは師の名を聞いて喜びのあまり寝食を忘れるほどでした。伊吾からの道程を推測して今夜こそは到着なさるであろうと、妻子ともども寝ずに、経を読誦して待っておりました。」王妃が数十人の侍女たちと挨拶に現れたころには夜も白々と明けるところであった。

国王・麴文泰は宮城の近くの道場に玄奘三蔵を留め、手厚くもてなした。十日ほどの滞在の後、玄奘三蔵は王の懇請を辞して旅を続けようとした。「わたくしは先王・伯雅とともに隋の煬帝に従って各地を歴訪し、数多くの名僧にも会いました。しかしかれらを慕い敬う気持ちが起きませんでした。ところが法師にお目にかかり、その喜びは喩えようもありません。どうぞ一生この地に留まってわたくしの供養を受けてください。教えを説いてくだされば、この国の人々はみな法師の弟子となりましょう。」王は何とか出国を思い止まらせようとした。玄奘三蔵の決意が揺るぎないものであると知ると、今度は王は声を荒くして威した。「わたくしが許さなければどこへも去ることはできない。ここに留めることも、本国に送り返すことも思いのままだ。わたくしの意見に従った方がよい。」「わたくしは仏法を求めんがためにやって来た。いまそれが妨げられようとしている。王が強いてこの地にわたくしを留めることができても、それはわたくしの魂ではなく、たんなる骨にすぎないであろう。」玄奘三蔵は悲しんで嗚咽した。

高昌城の跡

玄奘の不屈の精神

王は以前にも増して供養の食事を準備し、毎日、自ら皿をとって玄奘三蔵にすすめた。

ところが玄奘三蔵はその供養を退け、食事をことごとく断ってしまった。水も口にせずに、三日間も端座したままであった。王は玄奘三蔵の不屈の精神を知り、このままでは本当に命にかかわることを懸念して四日目についに折れた。「わかりました。師の求法の旅を妨げるようなことはいたしません。どうぞ食事をとってください。」こうして王は玄奘三蔵と仏前で兄弟の契りを結んだ。西域の求法をなし遂げて帰還の際には、必ずこの地に三年留まることを約束に玄奘三蔵の西行を許した。玄奘三蔵はひと月ほど滞在を延ばして王や大臣たちのために『仁王般若経《にんのうはんにゃぎょう》』の講義を行った。この時、王は自ら香炉を手に恭しく出迎え、玄奘三蔵が法座に昇る際には身をかがめて踏み台となって奉仕した。

ひと月間の講義が終わった。王は四人の小僧を選んで得度をさせると玄奘三蔵の給侍に命じた。これからの寒さを考えて数多くの法服を誂《あつら》えさせた。さらに身のまわりに必要な小物をはじめ、往復二十年間に要する旅費として黄金百両、銀銭三万枚、綾絹など五百疋を与え、三十頭もの馬と二十五人の人夫も附けた。王はそれとは別に西方の二十四ケ国の王たちに、玄奘三蔵が無事旅を続けるための依頼状と綾絹などの贈り物を用意した。高昌国の王・麴文泰は、西突厥の王・統葉護可汗(トン・ヤブグー・カカン)の妹を妻として迎えている。麴文泰は玄奘三蔵のために歓信という臣下に書状を持たせこの可汗のもとに遣わした。書状の内容は次のようなものであった。「この法師はわたくしの兄弟である。婆羅門国に法を求めて旅をしている。可汗よ、この法師をわたくし同様に憐れみをかけていただきたい。」

玄奘三蔵は麹文泰の懇切な計らいに深く感謝した。出発の日、王は大勢の僧侶や大臣らと城の西に見送り、玄奘三蔵をしっかと抱くと声を詰まらせ慟哭《どうこく》した。人々もみな別れを悲しんだ。王はなお離れがたく、自ら馬に乗ってしばらく玄奘三蔵の後を見送って行った。後に玄奘三蔵の著した『大唐西域記』はこの高昌国をすぎた阿耆尼国（カラシャール地方）から始まっている。当時は高昌国までは漢文化の勢力が及んでいた。『西域記』に詳細に観察記録を著した本当の意味での西域はこれから始まるのである。

阿耆尼国・屈支国

麹文泰《きくぶんたい》王から旅費として与えられたものはたいへんな額の財宝であった。

『慈恩伝』は阿耆尼（アグニ）国の王城に至る手前の銀山で群賊に襲われたことを伝えている。盗賊たちは多くの財宝を手に入れて去った。また一足先に発った商人たちは一人残らず賊に殺され、玄奘三蔵が通った時には死骸となってころがっていた。こうした危険に遭遇したことは『西域記』には触れられていない。阿耆尼国は四方を山に囲まれ、都城の周囲は六～七里の広さである。気候も温暖で葡萄や梨などの果物をよく産した。筆者の体験によれば、特に内陸に産する淡緑色の小振で細長い葡萄は甘くて美味しい。この国には当時、十余ケ所の寺院に三千余の僧侶たちがいた。文字もインド系のもので、僧侶は仏教部派の中では有力な説一切有部を奉じていた。阿耆尼国の王は玄奘三蔵の来訪を家臣たちと迎えてもてなした。ところが高昌国にたいして怨みを懐いていたためにそれ以上のことはしなかった。玄奘三蔵一行も一泊するとこの地を発った。

西南に二百里ほど進路をとり、山を一つ越えてからさらに二つの大きな河を渡ると平坦な道になる。そこから七百里ほど進むと屈支国（亀茲国・クチャ）に至る。現在の新疆ウイグル自治区の庫車県にあたる。屈支国の管弦や伎楽はことに有名で遠く諸国に聞こえていた。姚秦の弘始三（四〇一）年に長安にいたり、数多くの名高い経論を翻訳した鳩摩羅什（クマーラ・ジーヴァ）はこの屈支国の出身である。羅什の父クマーラーヤナはインドの宰相の地位を捨てて出家し、この国に至って国師となり、王の妹ジーヴァと結ばれた。この国の文字もインド系で、人々は髪を短く断って頭巾を被っている。この国では生まれた子供の頭を木で押さえつけて平たくしようとする俗習があった。百以上もの寺院に五千人もの僧侶が住し、説一切有部の教理を学んでいた。

国王は大臣や高僧モークシャグプタたちと玄奘三蔵を出迎え厚くもてなした。玄奘三蔵はいうまでもなく大乗の学僧である。一般に伝統的な部派仏教を小乗とよぶが、食事上の規制はむしろこちらの方が緩やかであった。見ず・聞かず・疑われざる三種のものは浄肉と称して食することは禁じられていなかった。一方、大乗では『梵網経《はんもうきょう》』で、衆生の生命を尊ぶことから、道を求める菩薩たちとの一切の肉食を退けたのである。玄奘三蔵は供応された三種の浄肉を受けない。王はそれを不思議に思って理由を訊ねた。「それは漸教で許されていることで、わたくしの学ぶ大乗では許されません。」漸教というのは漸次に修行をおさめてやがてさとりを得るおしえという意である。モークシャグプタはこの地に留まることを勧めた。玄奘三蔵の仏教にたいする学識はこの高僧も及ばなかった。もとめる『瑜伽論』の原典もここには無い。早春の山道はまだ雪も深く先に進むこともできない。前年の八月に長安を出発してすでに年も越えて春となった。やむなくこの地に六〇日あまり滞在することになった。王は出発の日、駱駝や馬、さらに人夫を与え、家臣たちと城を出て見送った。

西突厥の王

二日ほど進むと大勢のトルコ系遊牧民の盗賊の群れに出会った。かれらは奪い取った品物の分配をめぐって互いに争っていた。玄奘三蔵たちはそのお陰で難に遭わずにすんだ。やがて跋禄迦（バールカー）国を過ぎ石だらけの砂漠を西北に進むと凌山（ベダル峠）に着いた。ここは葱嶺（パミール）の北辺である。険しく天に聳える山は夏にも雪が解けることがない。寒さと戦い風雪をついて、ようやく七日目に天山山脈を横断して北面に出た。この峠越えで凍死者の数は一行中十三、四名にものぼった。牛馬の数も大分減った。『西域記』にはこの凌山を越える時には、決して赤い衣を着たり瓢を持ったり大声をあげてはならないと記している。もしそれを犯せば災禍があり、命も全うすることはできないと、この山にたいする畏れに似た気持ちを表している。ここから四百里あまりで周囲千四～五百里もの大きな湖海についた。現在のイシク・クル湖である。塩分を含んだ湖水は凍ることのないことから熱海とも、鹽海ともよばれた。この湖海の南岸を西北に進むと西域の商人たちが雑居する素葉（スーヤブ）城である。高昌王が親書を宛てた西突厥の統葉護可汗《トンヤブグーカカン》にここで出会った。緑色の綾絹の綿いれを着た可汗は、額にねり絹を巻いて後ろに垂らしていた。背後には数えることもできないほどの武装した兵士たちが駱駝や馬にのって可汗に従っている。「二～三日して戻りますので、先に衛所に向かっていてください。」臣下の一人を道案内につけて玄奘三蔵を衛所に送らせた。

三日ほどして可汗は戻ってきた。天幕で暮らす遊牧の民とはいっても可汗は西突厥の王である。厚い豪華な絹織物を身にまとった家臣たちを二列に従え、自らは目も眩むほどの黄金の華で着飾った可汗は、天幕から出て玄奘三蔵を迎え入れた。かれらは火を尊崇していた。『慈恩伝』の記述からするとゾロアスター教を奉じていたようである。この宗教では火は神の創造物の一つで善なるものとする。時代的にはやがて寺院が建立されるころになると火はとりわけ重要な礼拝の対象となった。この教徒が一般に「拝火教徒」（ア・ファイアー・ワーシッパー）と呼ばれるのはここに由来する。かれら突厥は、木も火を内に蔵しているという理由から尊び、その上に座ることはなかった。地面に直に敷物をしいてその上に座した。玄奘三蔵のためにはわざわざ鉄製の椅子を用意し、その上に座具をしいて座らせた。おりしも長安から来た使節も交え、高昌国の使者ともども玄奘三蔵は酒宴に招かれた。盛り沢山の料理や菓子、果物などが用意された。玄奘三蔵のためには特に用意した葡萄の液と精進料理がすすめられた。饗宴を終えて玄奘三蔵は請われるがままに仏教の十善の道を説いた。

数日後、出発しようとする玄奘三蔵に可汗はこう言った。「師よ、インド国には行かぬ方がよい。この地の夏五月の暑さが、かの地では秋十月の気候である。かの地の暑熱は堪えがたい。師の容貌から観れば、耐えられずに身体も溶けてしまうかもしれない。」思い止まらせようとしたが、玄奘三蔵の決意は固い。可汗は命じて、軍中から中国語ならびに西域諸国の言語に通じる者を探させた。一人の青年が選ばれた。この青年は長安で数年暮らしたことがあり中国語にもよく通じていた。先の道中を考え、彼をインドの北境カピシー国まで送らせることにした。玄奘三蔵には緋《ひ》の綾絹の法服ひとそろいの他、絹五十疋を布施し、さらに通過する国々にたいする突厥の国書をもたせた。可汗は群臣とともに十余里も玄奘三蔵の一行を見送った。

サマルカンドまで

『西域記』には素葉水域から西の羯霜那国まではイラン系のソクド（粟特）人たちが住んでいると記している。東西交易で活躍した商人たちである。かれらの用いるソクド語は中央アジア一帯の共通語となった。文字は縦書きで、ソクド語はウイグルに採り入れられている。かれらの間では、「詭詐（いつわり）がまかりとおり、大抵は貪欲で、父子ともに儲けを計り、財の多きを貴しとしている」と、如何にも中央アジアの商人たちの気質を玄奘三蔵は観察している。『唐会要』には、かれらは「目が深く鼻も高く、髭をたくわえている」とイラン人の風貌を伝えている。

西に四百里ほどで千泉に達した。南を山に接し、三方がひらけたこの地は可汗の避暑地でもあった。千もの池や泉があるところから千泉と呼ばれた。群れをなす鹿は首に鈴の輪をかけ、のんびりとして人に驚く様子もない。可汗は鹿たちの殺生を禁じていた。千泉から百四～五十里ほど進むとタラス（呾邏斯城）にいたる。周囲八～九里ほどの小さな都城で、中央アジアの商人たちが雑居していた。この都城の南、十余里のところに三百戸ほどの中国人たちの居留地があった。かれらは突厥に掠奪され、この地にあつまり集落を形成していた。衣服は中央アジアの人々のそれであったが、言葉や礼儀などは故国のものを失っていなかった。

砂漠をゆく中央アジアの商人

更に西南に進んで、白水城（アクス）から恭御城（コーンゴー）を経て、赭時（シャーシュ）国に至った。シャーシュは石の意で、この時代の史書に載る「石」姓はこの地の出身者である。西には葉葉河（現在のシル・ダリヤ河）が流れている。河を越えて窣堵利瑟那国（ストリシュナ）に至る。この地から西北に向かって行くとはてしない砂漠が広がる。「ストリシュナ」とはサンスクリット語で「非常に乾燥した」ことを意味する。水もない砂漠では散らばる動物の白骨が道標である。

ここから五百余里で颯秣建国（サマルカンド）に入った。古くはマラカンダの名で知られたこの地は良馬を産する。敦煌から発見された唐代の古写本の『西域記』には、この良馬は「戦うに、前に敵無し」と記されている。この国の王は初め突厥王の書状を携えてやってきた玄奘三蔵にたいして傲慢な態度であった。しかし説法を聞いてからは心を入れ換え、仏教の在家信者としての斎戒を受けるまでになった。この国には二つの寺院があったが境内には僧侶の姿はない。ゾロアスター教を信奉しているこの国の人々は、旅の僧侶がこの寺に投宿しようとすると火をもって追い出すありさまであった。玄奘三蔵に従う二人の小僧が、寺に入って礼拝しようとすると、人々に火で焼かれるようにして追い出されてしまった。この事をしった王は無礼をはたらいた者の手を斬って罰しようとした。玄奘三蔵はその刑罰に忍びず、王に彼を助けることを願い求めた。そこで王はその男を笞で打って都の外に放逐した。このことからこの国の人々は国王をはじめ平民にいたるまで玄奘三蔵に尊敬と帰依の念をいだき、その後、寺院には出家の僧侶が常住することになった。

サマルカンドを発ち、幾つかの小国を過ぎて羯霜那国に入った。さらに西南に進むと鉄門に至った。現在のシャフリ・サブズの南にあるデルベンドの近くにあたる。ここは西突厥の西方の境界で険しい山間の狭路に鉄の門扉がもうけられている。両側に聳え立つ岩壁も鉄のようで、鉱石を鋳て造った鉄の門扉には鉄の鈴がかけられている。この境界を越えると覩貨邏国（トカラ）である。

覩貨邏国

鉄門からさらに南に進み、アム・ダリヤ（オクサス河）を渡ると活国に入った。この地には高昌王・麴文泰の妹が可汗の長子・呾度設（タルドゥ＝チャット）の妻となって共に住んでいた。高昌王は書状をこの妹婿である太守に宛てていた。しかしすでに麴文泰の妹は世を去り、呾度設も病に伏していた。玄奘三蔵から書状を受け取ると、呾度設はその場に居合わせた者たちと止まることなく咽《むせ》び泣いた。呾度設は玄奘三蔵に、病が癒え次第、自分が婆羅門国まで送っていくからと、暫くこの国に滞在するように懇請した。丁度、インドからやってきた僧侶が呾度設のために病気の平癒を祈り、そのためか次第に病も回復してきた。そこで呾度設は若い妃を迎えた。ところが呾度設は病気が原因ではなくこの世を去ってしまう。呾度設には高昌国から迎えた妃との間にもうけた年少の子の他にも大きな息子があった。この息子が新しい義母と謀って彼女に呾度設を毒殺させたのである。彼は自ら太守の位についた。こうした騒動が起こったために玄奘三蔵はひと月以上も留まることを余儀無くされた。

新しい太守は、波羅門国に向かおうとする玄奘三蔵に属国の縛喝国（バクトラ、今のバルク）に立ち寄ることを勧めた。そこは小王舎城とも呼ばれるほど仏陀の聖跡があるとのことであった。丁度、縛喝国《バクトラ》から新太守に挨拶のために来ていた僧侶たちに聞くと、そこからインドに行くにはたいへん良い道があるという。玄奘三蔵はかれらについて縛喝国にむかった。縛喝国は北にアム・ダリヤ河の潤った沃野をひかえ、産物も豊富であった。周囲二十里ほどの国の都城は人々から小王舎城と呼ばれ、仏教伽藍も多く、三千人にも及ぶ僧徒たちはみな小乗仏教を学んでいた。都城を出た西南にはナヴァ（新しい）伽藍という実に立派な寺院が建てられていた。堂の中には仏陀釈尊に因む三種の遺物が納められていた。鉄製か石製かは判別しがたいが仏陀が沐浴をしたという、一斗ほどの量が満ちる浴用の盥、一寸ほどの仏陀の歯牙、宝玉で柄がちりばめられた払子などである。これらは六斎日ごとに並べられて供養の法会が設けられた。この国の聖跡を巡礼に来る僧侶もいた。磔迦（タッカ）国から来ていた僧侶プラジュニャーカラ（慧性）はその学識がインド中に聞こえていた。玄奘三蔵は彼との友誼的な質疑や学習のやりとりでひと月あまりここに留まった。この間、近隣の諸国からは玄奘三蔵の到来を知った王たちが、大臣を派遣してかれらの国への来訪を再三願った。『西域記』にはこうして止むを得ず訪れた国々を簡単に触れている。

大雪山を越えてインドへ

やがてプラジュニャーカラとともに縛喝《バクトラ》国を発ち、南下してタマリスから更に東南に道をとって大雪山（ヒンドゥークシュ）に入った。山は険しく谷は深く、盛夏でも凍りつくような厳しいこの地にも盗賊が出没し、人を殺害することがある。玄奘三蔵はトカラの国境を越えて梵衍那（バーミヤーン）に達した。東西に広がるこの国は谷深い地勢を利用して都城があり、北には高く厳しい山の背がひかえている。人々は風土に適した皮や毛織物を着て、牧畜をおこなっている。かれらは皆、信仰に篤く、十余箇所（『西域記』には数十所とある）

の伽藍には数千人の僧侶たちが、小乗の中でも進歩的な大衆部に属する説出世部の教理を学んでいた。国王は玄奘三蔵一行を宮殿に迎え入れてもてなした。この国に名高い二人の高僧アーリア・ダーサ（聖使）とアーリア・セーナ（聖軍）がいた。かれらは法相の教理に造詣が深く、玄奘三蔵の学識の並々ならぬものであることを知って、「遠国の脂那（チーナ＝中国）にもこれほどの僧侶がいたのであったか」と驚嘆した。バーミヤーンには十五日ほど滞在した。その間に二人の高僧たちは玄奘三蔵にこの国の懇切な案内をしてくれた。特に玄奘三蔵の目を引いたものは都城の東北方にある百四、五十尺もの金色に輝く摩崖仏や、東方にある寺院の内部に横たわる大涅槃像であった。

バーミヤーンを発って二日後、玄奘三蔵一行は雪の中で路を見失ってしまったが、幸いなことに人に出会って道を教えられどうにか黒嶺を越えて迦畢試（カーピシー）国に至った。北はヒンドゥークシュを背にし、三方を黒嶺がおっている。勇烈で智略に富むこの国のアーリヤ系のクシャトリヤ（刹帝利＝武士階級）出身の王が周囲十余カ国を統治していた。王は大勢の僧侶たちとともに城を出て玄奘三蔵を迎えた。寺院の伽藍数も百を越えていたが、多くは大乗仏教を奉じていた。玄奘三蔵は城の東にある沙落迦と名付けられた一小乗寺院に停まった。その理由は同行するプラジュニャーカラが小乗の学僧であったことにもよるが、昔、漢の皇帝の王子が人質として連れてこられ、この寺院を建てたということを伝え聞いたからである。王子が寺院の建立の際、東門の南にある神像の下に後の寺院修復のために宝を埋めたという言い伝えがあった。最近も悪徳の王がそこを掘り起こそうとしたが、地震がおきたりして怖じ気づき、未だにそれを証明した者はいなかった。人々は寺院の修復のためにこの神像の足下を掘り起こそうとしていた。そこに伝説の王子とその故郷を同じくする玄奘三蔵が訪れたということを聞き、かれらは大変喜び、掘り起こしても異変の起きないようにと祈願を依頼した。早速、玄奘三蔵は香を焚いて発掘の祈願をし、そこを掘らせた。すると地下七〜八尺のところから銅の容器が現れた。伝説どおり中には黄金や珠などが納められており、人々は何の災いもなく寺院の修復にそれを用いることができた。

この人質というのは、実は中国の皇帝の王子ではなく、クシャーナ王朝のカニシカ王（在位一二九〜一五二ごろ）がその勢力をパミールの東まで誇っていた時代に、黄河から西のある国がカニシカ王を畏怖し親交を結ぶために人質を送ったというのが真相であるらしい。『西域記』ではそのことに触れている。カニシカ王はこの人質に礼を加え、冬・夏・春秋の三時には住まいを変えさせた。その人質は冬は暖かいインドの諸国に住み、夏はこの迦畢試《カーピシー》国に戻り、春と秋はガンダーラに留まったという。その後、人質は故郷に戻されたが、彼の夏の住居のために建てられたものが玄奘三蔵たちが滞在した寺院であるとのことであった。寺院内部に描かれたその時の王子の姿が容貌といい服装といい、中夏（＝中国）と同様であると玄奘三蔵は記している。いずれにしても人質が相当な地位の人であったことを窺わせる。この夏、玄奘三蔵はこの寺院に留まって安居した。迦畢試《カーピシー》の国王は大乗の経論の講義や読誦を聞くことを好んだ。玄奘三蔵も大乗寺院に招かれて法の集いが開かれた。夏の安居が終わると、同行してきたプラジュニャーカラは再び覩貨邏《トカラ》の国王に請われて縛喝《バクトラ》国に戻ることになった。玄奘三蔵一行は、東に向かって進み、黒嶺を超えて遂に北インドの境に入った。

インド

釈尊の伝説

『西域記』巻第二の初めにインドの総説を載せている。「周囲九万余里、三方には大海、北は雪山を背にし、北に広く南に狭い半月の形のようである。野は七十余国に区分され、特に四季は暑熱で、泉地や湿地が多い」とその地形や風土の特徴を記している。更に、インドの数量の単位や歳時の分け方などの細かな点から風俗にも及んでいる。現在のインドと比較しても面白い。履物をはく者は僅かで裸足で歩く人々が多いことも、食事の時には必ず手を洗うことも、身体に香料などを塗ることなども今日のインドの人々の生活に普通に見られる。かれらインド人達は参詣する時には沐浴をして身体を浄め、用便の際には水で下部を洗い流すことなど、玄奘三蔵は興味深く人々の風習を観察している。昔からの刹帝利《クシャトリヤ》や婆羅門《バラモン》たちは言わば家柄が良いということになるが、かれらは当時、清楚で倹約であると記していることなども面白い。

玄奘三蔵は、当時迦畢試《カービシー》に隷属していた濫波国（ラムガーン地方）を過ぎ、更に南に進むと峠の嶺に一つの仏塔が建っていた。かつて仏陀釈尊がこの地まで歩行してきたことを記念して建てた仏塔であるとのことであった。釈尊の実際の教化範囲は当時の中インドを中心とした地域であるから、ここまで来たということも伝説であるが、『慈恩伝』にはこの地から北の地域は蔑戻車（辺地）と号するとしている。蔑戻車はサンスクリット語のムレーチャを音写した言葉で、もとは「野蛮人・他国人」を意味する。ここまでがインドのサンスクリット語を解する人々が住んでいたということなのであろう。玄奘三蔵は更に南に進んで、やがて北インドの境・那掲羅喝（ナガラハーラ）国に至った。大都城の東南二里ほどのところに三百余尺もの仏塔が建っていた。それはアショーカ王の建立によるものと伝えられ、有名な燃燈仏の授記伝説に因んだものであった。釈尊が前生で釈迦菩薩として修行に励んでいた時に、燃燈仏のために自らの髪を泥土の地に敷いてその上を歩ませたという伝説である。授記は仏教では未来成仏の予言のことを意味し、燃燈仏は釈迦菩薩に授記を与えたというのである。もともと「菩薩」（ボーディサットヴァ）という成仏確定者を意味する語は、この伝説から生まれたとみる学説がある。玄奘三蔵は仏塔の傍らにいた老僧に、いくどもの世界破滅を経てその遺跡がそこに留められているという伝説を詳しく訊ねた。

洞窟のなかの御影

さすがに北インドに入るといわれのある仏跡はいたるところに散在していた。

玄奘三蔵はそうした遺跡の中でも、都城の西南二十余里のところにある仏影窟で如来の御影を拝するという貴重な体験をしている。岩山にある伽藍の東の崖に洞窟があった。伝説ではゴーパーラ龍王の住処であるという。仏陀がその昔、龍を退治して自らの影をその洞窟の中に留めたというのである。玄奘三蔵はそのことを聞いて、同行してきた者たちと別れて一人おもむいた。近くまで子供に道案内をしてもらい、続いて老人に案内を頼んで洞窟に向かった。噂どおり道の途中で五人の盗賊が刀を持って現れた。ところが恐れる様子もない玄奘三蔵の姿に打たれて発心し、盗賊たちも伝説の仏影を拝しに共に洞窟へと向かった。滝飛沫が飛び散る谷の東の崖に洞窟があった。中は暗闇で、何一つ見えない。道案内の老人に教えられた通り五十歩ほど進んで、東の壁に向かって至心に礼拝を何度も繰り返した。すると不思議なことに暗闇の中に光が注ぎ菩薩や聖僧たちを左右に控えた如来の姿が壁に現れたのである。歓喜に溢れた玄奘三蔵は、洞窟の外で待つ六人の者にも焼香をさせるために呼び寄せた。灯明をもって六人の者が入ってくると仏影が忽然と消えてしまった。玄奘三蔵は火を消させて再び祈ると元のように壁面に如来が姿を現した。香花を散じて供養するうちに仏影は消え、玄奘三蔵一行は洞窟を出た。この不思議な出来事を体験したものは玄奘三蔵ほか五人の者たちであった。一人だけは仏影を見ることができなかったと『慈恩伝』は記している。この不思議な出来事はペルシアから伝わった幻燈ではなかろうかとする西洋の学者もいる。もし幻燈であるなら、一人だけが体験していないことも不思議である。

ガンダーラの荒廃

再び同行の者たちと合流して、東南に向かって山道を五百余里ほど進むと健陀邏（ガンダーラ）国に至った。東は信度（インダス）河に臨み、都城は布路沙布羅（プルシャプラ、現在のペルシャワール）である。名高い無著（アサンガ）・世親（ヴァスバンドゥ）などの論師たちもここの出身であると伝えられている。アレクサンドロス王が紀元前四世紀に西インドに侵入して以来、ギリシア文化との接触・融合によって仏像などの仏教美術が出現したこのガンダーラも、当時は王家の世継ぎも途絶え、迦畢試《カーピシー》国に隷属していた。仏教伽藍が千余個所あっても荒廃にまかせて往時の面影はすでに無かった。城外の東南八～九里のところにカニシカ王の建立した高さ四百尺もの仏塔が建っていた。その傍らのピッパラ樹（菩提樹）の樹下に過去の四仏が坐したと伝えられている。このカニシカ王塔には筆者も訪れたことがある。草むした小高い場所にその遺跡が残っている。カニシカ王の伽藍から東方に向かって河を渡ると布色羯伐底（プシカラヴァティー）城に至る。ここにもアショーカ王の建てた仏塔が幾つかあり、過去四仏の説法処と信じられていた。また近くには鬼子母神《きしもじん》の伝説に因んだ遺跡があった。鬼子母（ハーリティー）は自ら一万もの子供をもつ母でもあった。彼女は常に人の子供を食すため、困り果てた人々が仏陀に助けを求めた。仏陀は彼女の一人の子供を神通力で隠した。子供の姿が見当たらない鬼子母は気が触れたように探し回り、仏陀に救いを求めた。仏陀は、我が子を亡くした親の悲しみや苦しみを鬼子母に悟らせ、以後、過ちを繰り返さないようにこの処で教化したという。玄奘三蔵はその他、烏仗那（ウッディヤーナ）国に至るまでの道中で、インドの文法学者パーニニーの生まれた沙羅都羅（シャーラトラ）村や様々な仏教伝説に因む遺跡を『西域記』に触れている。玄奘三蔵は高昌王から贈られた金銀や綾絹などを立ち寄った伽藍や大塔に施しながら旅を続けた。

釈迦族の血統

烏仗那（ウッディヤーナ）国は現在のスワート地方にあたる。現在のスワートは西北インドの他の場所に比べると緑豊かな印象を受ける。葡萄をよく産することも昔と同様である。玄奘三蔵もこの地を、寒暑が適当で、風雨も季節に叶っていると記している。この地の言語はインドとほぼ同じで、文字と礼儀とに密接な関係がありそうだとも述べている。スワート河を挟んで、かつては千四百もの伽藍があったが、その多くは荒廃にまかせていた。玄奘三蔵当時の僧徒の多くは大乗を学び禅定を修行していた。周囲には釈尊が菩薩であった、過去世の前生物語（本生譚、ジャータカ）に因む場所が多くある。観世音菩薩を祀る精舎には僧俗が参拝し、供養物が供えられていた。玄奘三蔵はこの菩薩名を阿縛盧枳低湿伐羅（アヴァローキテーシヴァラ）と殊更に原音で写している。そして阿縛盧枳多（アヴァローキタ）と伊湿伐羅（イーシヴァラ）をそれぞれ「観」と「自在」とに訳語をあてて、それまで漢訳経典に「光世音」「観世音」「観世自在」としたのは訛謬《かびゅう》であると『西域記』に注記している。こうしたところにも玄奘三蔵が漢訳仏典の原

西北インドの民族舞踊

語を新しく見直そうとする意気がうかがわれる。

烏仗那（ウッディヤーナ）国に伝えられる王統と釈迦族との伝説を玄奘三蔵は紹介している。偉大な宗教家を世に出した釈迦族はやがてコーサラ国のヴィルーダカ王に滅ぼされてしまった。これは歴史的な事実であるがその後、生き残った釈迦族の一人が雁の背に乗ってこの地へと逃れたというのである。龍王の娘が人間の姿に身体を変えて釈迦族の青年に近づき、やがて仲睦まじくなった二人の間に生まれた子がこの国のウッタラ＝セーナ（上軍）王であるという。これも釈迦族滅亡に絡んだ伝説が産みだしたものであるが、釈尊を尊崇するこの地の仏教徒たちには、釈迦族の血統がここに継がれていることに安堵を得たのであろう。

アショーカ王の伝説

玄奘三蔵はさらに東に進み嶺や谷を越えてインダス河を渡り、鉢露羅国（ギルギット地方）に至った。金銀を産出するためこの国の財政は豊かであるが、反面、人々の性質も荒く仁義に薄いと『西域記』には記している。近年、偶然に発見された多くの仏典写本で一躍このギルギットは有名になった。現在のカラコルム・ハイウェーを北上するとギルギットへ至る。更に北へ行くと中国とパキスタンとの国境・クンジェラブ峠である。そこは五千メートルもの高地で、バスを降りて低地のつもりで歩くと酸素が薄く息苦しくなってしまう。『西域記』によると玄奘三蔵は再び来た道を戻って、南下してインダス河を渡って呾叉始羅（タクシャシラー、タキシラ）に着いている。

咀叉始羅《タクシャシラー》もガンダーラと同じく、当時は王家の後継者も絶え迦湿弥羅（カシミール）国に従属していた。人々は皆、大乗仏教を信奉していたが、伽藍も荒廃にまかせていた。都城の西北七十余里のところに、雨ごいや晴天の祈願には必ず霊験があるというエーラーパットラ龍王の池があった。

左手にのびるカラコルムーハイウェー
（中国の協力でつくられた橋上よりの眺め）

この龍池から東南三十里ほどの山間にアショーカ王が建立したと伝えるストゥーパ（仏塔）が建っていた。その場所は将来仏・弥勒（マイトレーヤ）が現れる際に出現すると伝えられている四つの大宝塔の一つと信じられていた。城の北十二、三里ほどのところにもアショーカ王のストゥーパがあり、傍らの伽藍は小乗の経量部の論師・クマーララターラが種々の論書を作成した処であった。タクシャシラー城外の東南にはクナーラ王子の伝説に因むストゥーパがあった。この地の鎮守として派遣されたクナーラ王子はアショーカ王の太子であったが、継母の讒言《ざんげん》によって美しいその眼を抉《えく》られてしまった。淫奔な継母は太子に近づいた。しかし、果たせないことを知ると寝ている王の歯形を付けて封じた偽りの命令書を送りつけた。このため太子は両眼を失ってしまうのである。

太子はその後、乞食となって流浪しやがてアショーカ王の都城に至った。無残な太子の姿を見た王は自身の徳の衰えを嘆いた。継母は事件に関与した家臣ともども罰せられた。王は太子の両眼が元通りとなることを願い、ゴーシャ（妙音）という大阿羅漢に慈悲を求めた。阿羅漢は国の人々にそれぞれ器を一つ持参して、説法を聴聞するようにと宣布した。阿羅漢は仏教の十二因縁の法を説いた。聴聞していた人々は涙を流し、その涙を器に受けた。説法を終えると阿羅漢は器の涙を金盤に集めて太子の眼を洗った。すると不思議なことにクナーラ太子の両眼は再び元の美しさを取り戻したというのである。

タクシャシラーを北に進んでインダス河を越え、東南に二百里ほどで大きな石門があった。有名な薩埵太子《さったたいし》の捨身伝説の場所である。太子は兄弟の王子たちと山林に遊んでいると、子を産んで間もない飢えた虎に出会った。太子は虎を憐れみ、自らの身体を投じ、竹で身体を刺すと虎に布施をしてしまう。『金光明経《こんこうみょうきょう》』にも同様な飢虎捨身の説話が述べられ、わが国では法隆寺の玉虫厨子に描かれている。理想の菩薩の行為としてこの説話は様々な仏典に登場する。玄奘三蔵は大地の色はもとより草木までが血で染まったような色を帯びていることに、伝説とは言え、仏道修行者の厳しい生き方に悲愴な気持ちを懐いた。

カシミールでの日々

なお東南に進むと烏剌尺（ウラシャー）を過ぎて迦湿弥羅（カシミール）に達した。四方を険しい山で囲まれ、都城は南北に広く、農業をよくし、馬やサフラン、それに火珠（水晶の類）を産した。迦湿弥羅《カシミール》では第四回目の仏典結集が開かれたとされる場所である。クシャーナ王朝のカニシカ王は王位につくと、日毎に一人の僧侶から説法を聞くことを習いとしていた。ところが、その所説には相違があって一致していない。そこで王は脇尊者の意見を入れて四方の僧侶を集めて議論させせようとした。しかし喧噪することを恐れ、悟りを得た無学（すでに学ぶところが無くなった）の者で、六種の神通力と総ての典籍に通じた四九九人だけを留めてガンダーラから宗教家たちの往来する迦湿弥羅《カシミール》にやって来た。この地でさらに世友を加えた五百人の阿羅漢たちが仏典の結集を行ったという。こうして結集された仏典の注釈書をカニシカ王は赤銅の板に彫りつけさせ、石函に納めてストゥーパ中に蔵したと伝えられている。

玄奘三蔵の到着を知ると迦湿弥羅《カシミール》の王は母方の叔父をつかわして国の西門に馬車で一行を迎えた。途中の寺院で僧侶たちのもてなしを受けた後、王城に近づくとそこから三十里ほどの処に旅人や貧民に宿を提供するダルマシャーラーがあった。ダルマシャーラーとは「法の家屋」の意で、『慈恩伝』には「福舎（功徳の家屋、プンヤシャーラー）」と注記している。国王の命で建設された公共施設である。国王や大臣たちはここで玄奘三蔵を出迎えた。大勢の人々は手に手に旗やさしかけ傘を持ち、王も自ら華を散じて歓迎の意を表した。玄奘三蔵は象の背に乗って都に入った。迦湿弥羅の地は、釈尊の侍者アーナンダ（阿難）の弟子・マディヤーンティカ（末田底迦）が仏法を広めたという謂われのある場所である。サンガバドラ（衆賢）もこの地で『順正理論《じゅんしょうりろん》』を作成している。玄奘三蔵はこの地の高僧・称法師について教えを受け、俊英な学僧らと議論をするうちに二年の月日が流れた。

タッカの老婆羅門《バラモン》

玄奘三蔵は再び旅を続けた。西南に進んで半笯嗟（パルノーツア、現在のプーンチ）国から更に東南に進路をとってラージャプラを越え、磔迦（タッカ）国に入る。『西域記』巻四はこの磔迦国から始まっている。玄奘三蔵一行は磔迦《タッカ》国に入る直前、林の中を進んで行く内に五十人あまりもの盗賊に襲われた。衣服や持ち物の総てを強奪され、なお刀を手に一行を追ってくる。玄奘三蔵は一行のうち、同行してきた一人の沙弥と共に乾いた池の僅かな水に身体を隠して難を避けた。隙をみて二～三里ほど逃げると、一人の婆羅門が田畑を耕していた。婆羅門は事件を知って貝を吹き、大勢の村人を集めた。村人たちは手に手に武器をもって盗賊の出た場所に駆けつけた。盗賊たちは形勢の不利を感じて林に逃げてしまった。池の辺りでは捕えられていた人々が縛られていた。玄奘三蔵一行はその村に宿を借りた。同行の者たちはこれから先の道中を思いやって嘆き悲しんでいた。すると玄奘三蔵一人にこやかに微笑んでいる。そのわけを尋ねると、玄奘三蔵は答えた。「中国の書には、生こそが天地の大宝であると記されています。こうして命が助かったのだから大宝が無くなったわけではない。わずかばかりの衣や財宝を奪われたからといって嘆き憂えることはないのです。」

この翌日、磔迦《タッカ》国に着いた。都城の近くに大きな菴羅（マンゴー）の林があり、そこに七百歳になるという老婆羅門が住んでいた。近くによって姿を観たがどうみても三十そこそこの若さに見える。傍らの二人の侍者も百歳をこえているという。老婆羅門は玄奘三蔵に会ってたいへん喜び、昨日の難を聞くと早速、一人の侍者を遣わして、城内の仏教を信奉する人々に施しをするように告げさせた。玄奘三蔵の名声はカシミールにいた頃から諸国に届いていた。城内には仏教を信奉する人々は僅かであったが、この老婆羅門の命を聞いて、三百人ほどの人々がそれぞれ綿布一反と飲食物を持って恭しく見舞いの言葉を述べにやって来た。玄奘三蔵は応報の理を説いてかれらの志しに感謝した。こうしてひと月ほど留まって老婆羅門から教えを受けた。この老婆羅門は、中国で八宗の祖と仰がれる龍猛（＝龍樹、ナーガールジュナ）の弟子であるとのことであった。『西域記』には磔迦《タッカ》国より先には「福舎」が多く設けられていると記している。

ストゥーパ信仰の篤い国

老婆羅門に別れを告げて、東に五百里ほど進むと至那僕底（チーナブクティ）国に至った。この国名のチーナブクティは「支那の所有」の意で、カーピシー国で聞いたカニシカ王の人質としてやって来た漢の王子の冬の住所がここである。『西域記』にはこの国

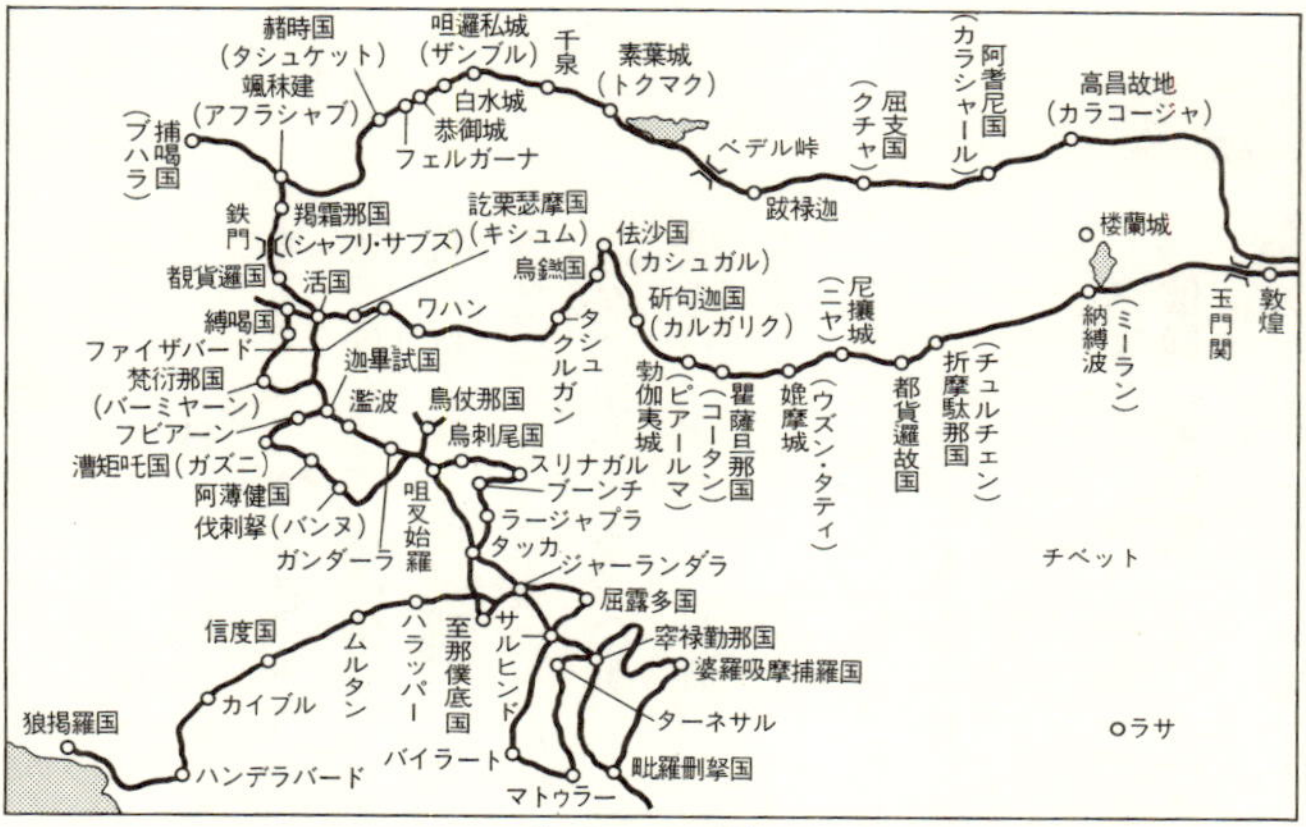

北インドの国々

の由来に加えて次のようなことを記している。この国から先のインド諸国には梨や桃はなかった。この漢の王子がそれらを植えたので、梨のことをチーナ・ラージャ・プトラ（支那の王子）といい、桃をチーナニー（支那から持ちきたれるもの）と呼んで東土を尊敬しているというのである。玄奘三蔵はトーシャサナ寺院に一年二か月留まってこの国の高僧から論書を学習した。都城の東南五十里ほどのタマサーヴァナ伽藍では僧侶たちが説一切有部の教理を学んでおり、ここはカートヤーヤニープトラ（迦多衍那子、迦旃延子）が『発智論』を作成した処でもある。

ここから東北に百四、五十里ほどで闍爛達（ジャーランダラ）国に入る。五十余箇所の仏教伽藍には二千人ほどの僧侶がおり、大乗・小乗がともに学ばれていた。外道の人々も五百人ほどいて、かれらは身体に灰を塗っていた。玄奘三蔵は四か月ほど滞在し、この地の高僧から教えを受けた。ここから険しい山や谷を越えて東北に七百里ほど進むと屈露多（クルータ）国に至る。さらに南に路をとって進むと設多図盧（シャタドル）国である。この国にもアショーカ王のストゥーパが建っていた。玄奘三蔵はここから西南に路をとって波里夜呾羅（パーリヤートラ、現在のバイラート）国に入っている。ここが中インドの境となる。ここから東に五百里ほどで秣兎羅（マトゥラー）国である。ここにはアショーカ王のストゥーパをはじめ釈尊の弟子たちや菩薩のストゥーパが多く建っていた。年の一・五・九月の三月、特にその六斎日（八・十四・十五・二十三・二十九・三十）には僧徒たちのみならず国王や大臣までもがそれぞれ信仰するストゥーパや尊像に供物をそなえて競って供養をしていた。例えばアビダルマ（論書）を学ぶ人々はシャーリプトラ（舎利弗）、禅定を修する人々はマウドガリヤーヤナ（目連）、経典をたもち読誦する人々はプールナ（富楼那）、ヴィナヤ（律）を学ぶ人々はウパーリ（優波離）、尼僧たちはアーナンダ（阿難）、具足戒を受けていない者たちはラーフラ（羅怙羅）、大乗を学ぶ人々は菩薩というように、それぞれのストゥーパに旗を並べ立てて煙のように香を焚き雨のように華を散じて供養を行っていた。都城の東南には仏伝文学にしばしば登場する「瀰猴献蜜《みこうけんみつ》」の伝説の涸れ池があり、傍らにストゥーパが建っていた。マトゥラーはガンダーラに続いてインドに仏像が出現した場所であり、部派の中でも特に有力な説一切有部はかつてこの地でも相当の勢力があった。

玄奘三蔵はマトゥラーからヤムナー河に沿って東北方へ北上するかたちで薩他泥湿伐羅（スターネーシヴァラ）国に向かい、そこから東に四百里ほどで窣禄勒那（シュルグナ）国となる。東方はガンガー（ガンジス）河に臨んでいる。玄奘三蔵はこの地の高僧ジャヤグプタについて『毘婆沙

中インドの農村風景

論』を学び、その年の冬を越して春となった。玄奘三蔵の三十歳の年である。再び旅を続けた。大河ガンガーの東岸は秣底補羅（マティプラ）国である。当時この国の王は四姓のうちのシュードラ（隷民）種の出身であった。近くにはこの国の出身であるグナプラバ（徳光）、或いは衆賢・世親などの名高い論師たちの旧蹟が数多くあった。玄奘三蔵はグナプラバ論師の弟子という九十歳になる高僧ミトラセーナについて晩春から夏にかけて有部の論書を学んだ。

マティプラ国から北に三百里ほどで婆羅吸摩補羅（ブラフマプラ）国となる。四方を山に囲まれ大地も肥沃で農業が盛んであった。この国の北境の大雪（ヒマラヤ）山にはスヴァルナ・ゴートラという黄金を産出する国があり、そこでは男性は耕作や戦いを専らにし、女性が国を治めているということを『西域記』に伝えている。玄奘三蔵は直接ここに訪れてはいないが、チベット西北部にある母系氏族の一小国であったらしい。近年の世界の女性首相や党首も別に新しく特殊なものではない。

ここから東南に路をとり、幾つかの国を過ぎて劫比他（カピタ）国に至った。現在のサンキッサである。仏陀が祇園精舎から須弥山の頂きにあるという忉利天の天宮に昇り、釈尊生後七日目に亡くなった母マーヤー夫人のために説法をした後、この地に降りたという伝説がある。釈尊の八大霊場の一つに数えられている。伝説では天上界で九十日を過ごした後、帝釈天の命によって造られた三列の宝の階段を降りて地上に戻ってきたという。カルカッタのインド博物館にはバールフトの欄楯が展示されており、この伝説が小さく浮き彫りにされている。階段の下方にチャクラ（輪）が描かれ、その周囲には信徒たちが合掌して出迎えている。初期の仏教芸術では仏陀は我々と同じ人間としては表現されず、チャクラや菩提樹それに足跡などが仏陀とみなされた。

戒日王（ハルシャ＝ヴァルダナ）　劫比他《カビタ》国を過ぎて東南に二百里ほどで羯若鞠闍（カニャークブジャ、曲女城）国である。『西域記』巻第五はこの国から始まっている。羯若鞠闍《カニャークブジャ》国は現在のカナウジである。国名のカニャークブジャは「背の曲がった少女」の意である。その由来を玄奘三蔵は伝えている。太古に梵授という国王がいた。彼には千人もの王子と百人の娘がいた。時に一人の仙人がガンガー河の岸辺で多年にわたって瞑想に入っていたが、美しい娘たちの姿を見て欲心が生じた。仙人は娘の一人を嫁に望んだ。王は仙人の怒りを恐れて承諾をした。しかし誰も言いつけに従うものはない。困り果てた王に幼少の娘がわけを尋ねた。幼女は姉たちが父親に心配をかけたことを詫びて嫁ぐことを承諾した。ところが仙人は相手が幼女であることを知ると怒り、他の九十九人の娘に呪いをかけて腰を曲げて醜くしてしまった。その後、この国の名は「曲女城」

と改められたというのである。玄奘三蔵当時この国の王は名高いハルシャ＝ヴァルダナ（戒日王）であった。先に父王のプラバーカラ＝ヴァルダナがこの地に君臨し、そのあとを継いだ長子ラージャ＝ヴァルダナも賢主の誉れが高かった。ところが東インドのシャシャーンカがそれを快く思わず、ついに招待にかこつけてラージャ＝ヴァルダナを誘い出して殺してしまった。主を亡くした曲女城は弟のハルシャ＝ヴァルダナを王に推した。彼はガンガー河の岸辺に祀られていた観自在（観音）菩薩像の前で断食をして祈り、自らが王として相応しいかどうかの仏意を尋ねた。すると観自在菩薩は「久しからずして五インドの王となるであろう」というお告げを下した。戒日王は観自在菩薩の言いつけどおり、決して王座に坐することなく、また大王の称号を付することなく、全軍をあげて戦い遂に兄の敵を打った。王は六年の間にはほとんどインド全体を臣従させ、仏法の興隆に勤めた。玄奘三蔵は、後に、折りしも東インドの鳩(拘)摩羅（クマーラ）王の招待をうけて迦摩縷波（カーマルーパ）国に向かっていた時、巡幸していた戒日王と会見している。玄奘三蔵は羯若鞠闍《カニャークブジャ》国のバドラヴィハーラ寺院に三か月の間留まり、高僧ヴィールヤセーナについて論書を学んだ。

仏菩薩の冥助

羯若鞠闍（カニャークブジャ）から東南に六百余里、ガンガー河の南は阿踰陀（アヨーディヤ）国となる。周囲十二里ほどの都城の中にはガンダーラ出身の世親（ヴァスバンドゥ）がこの地で論書を著述したり講義をしたという遺跡があった。都城の西南五

～六里ほどのマンゴー林の中に古い伽藍があった。かつて世親の兄・無着（アサンガ）が、夜は慈氏（弥勒）菩薩の住するトゥシタ（兜率《とそつ》）天に昇り、『瑜伽論』や『荘厳大乗論《こんだいじょうろん》』『中辺分別論《ちゅうへんふんべつろん》』などを受け、昼は天から降りて大衆に説法をしたと伝えられている場所である。玄奘三蔵はアヨーディヤ国の霊跡を巡拝して八十人ほどの人々と共に船に乗り、阿耶穆佉（アーヤムカ）国に向かおうとしている時に賊に襲われた。河の両岸にアショーカ樹の密林があった。そこに隠れていた十余隻の賊の乗った船が一行を襲ってきた。船中は大騒ぎとなり、河に飛び込んで逃げる者もいた。賊は玄奘三蔵一行の船を取り囲むと岸に曳航し、人々の衣服や持ち物を奪い取った。その内に盗賊たちは玄奘三蔵の端整で体格も立派な姿に気づくと、かれらの信ずる女神の生贄に捧げようと考えた。盗賊たちは毎年秋になると端整で美しい人間を一人殺してその肉や血をシヴァ神の妃であるドゥルガー（＝カーリー）女神に捧げ、自分たちの嘉福を祈願していたのである。同船の人々の中には玄奘三蔵の身代わりになることを賊に申し出た者もいた。賊たちはそうしたことに耳をかさず早速、林の中の空き地に供儀の祭壇をこしらえた。二人の賊が刀を抜いて玄奘三蔵をその壇に登らせ、今正に儀式が行われようとした。ところが恐れる気配すらない玄奘三蔵の顔を見ると賊たちは畏怖を感じた。『慈恩伝』には、ここで玄奘三蔵が兜率《とそつ》天の弥勒菩薩を念ずると不思議なことに黒雲が立ち込めて大風が吹き、周囲の樹木を折り倒し砂を巻き上げ、ガンガー河の波浪がみるみるうちに賊の船を転覆させたと伝えている。賊たちは大いにうろたえ、遂に玄奘三蔵に謝罪して帰依してしまった。これもおそらく実際の出来事であろう。玄奘三蔵の求法の旅はこうした不思議な仏菩薩の冥助なくしては成就しえないものであった。

施しの霊場

阿耶穆佉国から東南に七百里ほどで、ガンガー河とヤムナー河に挟まれた鉢羅耶伽（プラヤーガ）国になる。現在のアッラーハーバードである。昔から大河が交わるこの地は施しの霊場として人々の信仰を得ていた。都城の東にあるこの合流地には諸王や豪族たちが人々に施しをする場所があり、戒日王は五年の間に蓄えた財を一遍に使いきってしまったという。この地で沐浴をすると罪や汚れが取り除かれ、更に神々の世界に生まれることを望む者は断食をして河に身を投ずればよいと言い伝えられていた。そこで断食の後に河に身を投じて命を絶つ者も毎日数百人にも及ぶと言われていた。苦行者たちのなかには河中の柱によじ登って日の出から日没までひたすら修行に励むものもいた。ここから西南に向かっては森林地帯が広がり猛獣や野象のすみかとなり、五百余里ほどで憍賞彌（カウシャンビー）国に至る。現在のアッラーハーバードの西南にあたるコーサムとみなされている。ここは釈尊時代の十六大国の一つヴァンサ国の首都であった。伝説ではかつて年若きウデーナ王が、釈尊を遙かに仰いでその気高い姿に感動し、仏陀の形像を造る決意をしたという。現在のコーサムにはアショーカ王の石柱法勅が建っている。そこにはサンガ（僧伽）の精神でもある和合を破ることを戒めた言葉が刻まれている。アショーカ王の時代にはサンガを破る者は「白衣」を着せられて教団から追放された。白衣は在家の俗人を表す言葉でもあり、出家して袈裟（黄褐色の衣）を身につけた者が白衣を再び着ることは最も恥ずべきことであった。玄奘三蔵は都城内部にある精舎にウデーナ王が造らせたという栴檀《せんだん》の香木を刻した仏像があると記している。ただし当時、十余箇所の仏教伽藍は荒廃にまかせていた。

ここから更に北方に百七、八十里ほどで鞞索迦（ヴィシャカ）国となる。ここでは僧侶たちは部派のうちの正量部の教理を学んでいた。かつて如来がこの地で六年の間説法をしたと伝えられていた。六〜七尺ほどの珍しい木があった。伐採してもまたもとのようにすぐに生え戻るとのことであった。その木は釈尊が使用済みの楊枝を捨てたところ、その楊枝に根がついて繁茂したと伝えられていた。

祇園精舎　ここから東北方に五百里ほどで仏典に登場する舎衛城（シラーヴァスティー、サーヴァッティー）である。『西域記』第六巻はこの国から始まっている。舎衛城はかつてのコーサラ国の首都である。南北のインドを結ぶ交通の要所であり、商業都市としても栄えた。釈尊当時、この国はパセーナディ王によって統治されていた。王は釈尊とほぼ同年であったらしい。現在のウッタル・プラデーシ州にあるサヘート・マヘートのうちの、マヘートがかつての舎衛城にあたる。舎衛城における数多くの説話が仏典に伝わっている。祇園精舎も都城の南にあった。祇園

祇園精舎遺跡

は祇多（ジェータ）太子の園林（ヴァナ）の意である。かつてスダッタ（須達）という資産家（グリハパティ＝居士）がおり、彼は「孤独な者に食を給する人」（アナータピンディカ・給孤独長者）とも呼ばれていた。スダッタはジェータ太子の園林を仏教教団に寄進するために車につんだ黄金を値としてその地に敷き詰めたという。祇園精舎は一九世紀の中頃にカニンガムによって発見されたが、最近では日本の考古学研究者による発掘調査も行われている。大勢の人を殺し、手の指で造った首飾りをつけていたことから指鬘《しまん》外道《げどう》の名で知られる盗賊アングリマーラも舎衛城の近くの村の出身である。

玄奘三蔵は祇園精舎の近くで深い坑を幾つも観察している。それらはいずれもいわれのあるものであった。提婆達多（デーヴァダッタ）が生きながら地獄に堕ちたと伝えられている坑は東に百歩ほどの場所にあった。その南には提婆達多の弟子・コーカーリカが地獄に堕ちたと伝えられている坑があった。提婆達多は仏陀のみが有する身体的な特徴（三十二相）のうち三十相を具えていたという。彼は釈尊とは従兄弟であった。釈尊の父・浄飯王《じょうぼんのう》の弟・斛飯《こくぼん》王の子が提婆達多である。釈尊に敵対し、命を奪おうとした提婆達多は仏典では悪逆人とされている。いくつもの仏典説話の舞台となったコーサラ国はパセーナディー王からその子ヴィルーダカに受け継がれた。やがて偉大な宗教家を世に出した釈迦族はこの王によって滅ぼされてしまうのである。このヴィルーダカ王が無間地獄に堕ちたという涸れ池を玄奘三蔵は伝えている。伝説では釈迦族を滅ぼしたヴィルーダカ王が七日目に火に焼かれることを釈尊は予言した。王は七日になるまで身に何も起こらなかったことを大変喜び、宮女とともに池で舟遊びをしていた。すると突然炎が舟を包み王は無間地獄に堕ちたというのである。ヴィルーダカ王の母は釈迦族の下僕の生んだ子であった。パセーナディー王が釈迦族にたいして妃に望んだ女性が彼女であった。その事実を知ったヴィルーダカは受けた恥辱を怨んだ。釈迦族を攻めたヴィルーダカは美女五百人を選んで後宮に入れようとした。しかし彼女たちは不遜にも、王が釈迦族の下僕の子供であることをなじった。怒った王は彼女たちの手足を切って生きながら坑に落としたという。

釈尊の故郷

釈迦族の跡

舎衛城から東南に五百（『慈恩伝』には八百）里ほどで、釈迦族の故郷カピラヴァストゥにいたる。周囲四千余里、都城は十四、五里ほどあった。土地は肥沃で気候も穏やかであったが、玄奘三蔵当時には荒れ果てて人の住む里も疎らな状態であった。それでも宮城の近くにある寺院では正量部を学ぶ僧徒が三千人ほどいたと玄奘三蔵は伝えている。宮城の内部には釈尊の父シュッドーダナ王の正殿や母マーヤー夫人に因む寝殿などがあった。その東北方にはアシタ仙がシッダールタ太子を観相した場所を記念するストゥーパが建てられていた。仙人は自らの老年のために、太子がやがてさとりを得て仏陀となった後に、その教化にあうことができないことを悲しんだという。玄奘三蔵の得度に際してその並々ならぬ風格を見抜いた鄭善果が友人たちに述懐した言葉は、アシタ仙の観相のエピソードとも結びつく。現在カピラ城跡はネパール側のティラウラコートとインド側のピフラーフワーとの二箇所が比定されている。ネパールには今日も釈迦の姓を名乗る仏教徒たちがいる。ヒンドゥー教徒に比して全くの少数派ではあるが、かれらはネワーリー語を話し、釈迦族の末裔《まつえい》であることに誇りをもっている。

玄奘三蔵はカピラ城の周囲にある色々な旧蹟を『西域記』に紹介している。城の南門にあるストゥーパはかつて太子時代の釈尊が釈迦族の青年たちと相撲の技を競った場所に建てられたものであるという。従兄弟の提婆達多はシッダールタ太子に負けた悔しさから象を殺して道をふさいでしまった。太子はその象を持ち上げて城の堀の外へ投げたと伝えられている。太子の出家の原因の一つは、仏伝文学の中で「四門遊観」の伝説として伝えられている。東南西北のそれぞれの門から出て外に向かった太子は、老人・病人・死人・そして沙門（サマナ、シラマナ＝修行者）の姿を目の当たりに観て、俗世間を出離する気持ちを懐いたという。玄奘三蔵は、当時、城の四門の外にそれぞれ精舎があって、像を祀っていることを記している。伝説ではさとりを開いて二年目に釈尊はカピラ城を訪れている。

城の南、五十里ほどのところに過去仏《かこぶつ》の誕生に因むストゥーパが建っていた。仏教では理法（ダルマ）が普遍的なものであるという考えからやがて釈尊以前にも仏陀が出現したと考えた。いわゆる過去仏思想である。これと対応して未来仏の思想も生じた。仏陀と同時代のジャイナ教でもヴァルダマーナ（＝マハー・ヴィーラ）が世に現れる前に二十三人のティールタンカラ（救世者）がいたとする。

釈尊を含む七人の仏陀は総称して「過去七仏」といわれ、過去の仏陀も釈尊ゴータマ・ブッダと同様に普遍的なダルマをさとったと信じられた。七仏は婆羅門教の七仙に対応し、その数は北斗七星とも結びつく。玄奘三蔵が観察した過去仏のストゥーパはその内の第四仏クラクチャンダ仏と、そこから東北へ三十余里ほどにある第五仏のカナカムニ仏のものであった。

玄奘三蔵はカピラ城の西北方で、釈迦族の人々がヴィルーダカ王に虐殺された場所に数多くのストゥーパがあると記している。「数百千」というその数からみると釈迦族の人々にたいしての供養のために奉献された塔であろう。伝説ではヴィルーダカ王の侵略にたいして初め田を耕していた釈迦族の四名のものが勇敢に戦って軍隊を退散させた。ところが釈迦族の人々はかれらの凶暴な行いを恥じて四名を遠隔の地に駆逐し、自分たちは抵抗することなく滅ぼされてしまったという。しかしこの四名はその後、ウディナーヤ国をはじめバーミヤーンなど四か国の国王となり、釈迦族の血統を絶やすことはなかったという。

釈尊生誕の地

城の南門の外の道の左にもストゥーパがあった。シッダールタ太子が同族の青年たちと相撲の技を競ったり鉄の鼓を矢で射ぬいた場所であるという。そこから東南に三十里ほどの場所に小さいストゥーパがあり、その傍らに鏡のように澄んだ泉が湧いていた。それは太子が強弓で鉄の鼓を射ぬき、突き抜けた矢が地に刺さった場所に湧いた泉と伝えられていた。そのために「箭泉《ぜんせん》」と呼ばれていた。この「箭泉」から東北方に八、九十里ほどで釈尊生誕の聖地ルンビニーに至る。現在のルンビニーはネパール側に位置する。一八九六年に考古学者フュー

ルンビニー園とアショーカ王の石柱法勅

ラーによってアショーカ王の石柱法勅が発掘された。そこには王みずから即位二十年を経てブッダ＝シャカムニの生まれたこの地を巡礼したということが刻まれていた。神話化された釈尊の伝説のなかでも釈尊生誕の地は確実視されている。この石柱は玄奘三蔵当時すでに中程から折れていた。その原因を「悪龍霹靂（激しいかみなり）」のためであると記している。ルンビニーにはマーヤー夫人の祠堂の脇に大きな方形の池がある。玄奘三蔵はその池を「鏡のように澄み渡り、（周囲には）様々な花が咲きみだれている」と記している。ただし玄奘三蔵の見た釈尊生誕の伝説に因む無憂（アショーカ）樹は当時すでに枯れはてていた。筆者はかつてルンビニーで暗闇の迫る足下に微かな螢の光りをみつけて感動したことがあった。

ここから東に二百余里（『慈恩伝』にはカピラヴァストゥから五百余里）ほど荒野や森林の中を進むと藍摩（ラーマ）国である。荒れ果てて国の境も定かではなくなっていたが、シッダールタ太子が召使に引かせた白馬に乗って城を出てこの地に至り、剃髪師のもとで髪をおとしたと伝えられる場所には塔が建っていた。太子はそれまで着ていた美しい衣服を猟師が着ていた鹿皮のものと交換したと伝えられている。釈尊当時には、修行者の衣服も様々であった。このような鹿皮の衣を纏《まと》ったバラモンの修行者や髪の毛でできた衣を身に纏った修行者もいた。

入滅の聖地

ここから東南に荒野や林中を進むと釈尊入滅の聖地・拘尸那掲羅（クシナガラ）国に至る。釈尊の最後の旅路を伝える経典『大パリニッバーナ経』には、侍者アーナンダ他の弟子たちとともにマガダ国の霊鷲山を後にした釈尊がこのクシナガラで入滅をする様子を伝えている。齢八十に達した釈尊は、すでに教団（僧伽）の指導者としての立場からは退いていたものと考えられている。最後の旅路は釈迦族の故郷に向かっていた。途中マッラ国のパーヴァー市で、釈尊は金属細工師（鍛冶工）のチュンダの供養の申し出をうけた。翌朝、持てなされた料理のうち、釈尊はスーカラ・マッダヴァという料理を所望し、残ったその料理を他の弟子たちが食べないようにチュンダに命じて土中に埋めさせた。食事を終えた釈尊は彼のために法を説き、教え励ましてマンゴー林に戻った。すると釈尊に死ぬほどの激痛がおこり、赤い血が迸《ほとばし》り出たと経典は伝えている。経典に名を留めているスーカラ・マッダヴァはもとは「柔らかな豚肉」の意であるが、「きのこ」の類であろう。今日、クシナガラの近くの村ではチャタと呼ばれる茸が麦藁を積んだ周囲によく自生する。チャタはサンスクリット語ではチャットラとなり、それは「傘」を意味する。きのこも形状がそれに似ているからである。このチャタは豚が大変好んで食べるという。

玄奘三蔵は、さびれたクシナガラの城内の東北方の隅にアショーカ王がチュンダの故宅の場所に建てた塔と歳月を経てもなお清らかな水が湧き出る井戸があることを記している。釈尊はクシナガラの沙羅（サーラ）林の中で静かに横たわった。頭を北に向け、右脇を下にし、足を重ねた姿の大きな釈尊涅槃像が今日のクシナーラの涅槃堂に安置されている。玄奘三蔵も煉瓦造りの精舎に安置されている涅槃像と傍らのストゥーパならびにアショーカ王の石柱を観ている。現在のクシナーラはゴラクプールの東にあるカシアの町外れに位置する。現地の人々がサーラ樹と呼ぶ沙羅の木は今日のクシナーラの涅槃堂の前にある。その葉は大きくほうの木のそれと似ているが、玄奘三蔵は「樹は槲（かしわ）に類して樹皮は青白く葉は甚だ光潤」で、特に当時、四本の高い沙羅樹があったと記している。釈尊の入滅は南アジアの仏教諸国でヴァイシャーカ月（インド暦の第二の月）の満月ということになっている。北方に伝わった伝承や経典にもとづいて漢訳された仏典にはやがて釈尊の誕生・成道・入滅の日それぞれを別に立てるが、南アジアの伝承ではすべて同一日にしている。こちらの伝承の方が古い形を残している。但し玄奘三蔵は、たとえば説一切有部ではカールッティカ（インド暦の第八の月）の後半の八日というように部派によっては当時のインドでもその伝承が異なっていることをあげている。

クシナーラの涅槃堂

クシナガラの北方に釈尊を荼毘《だび》にふした場所がある。経典には幾重にも布で包まれた遺骸は鉄の油槽におさめられ、香木の薪で荼毘にふされたという。葬法は聖王のそれに従った。現在のヒラニヤヴァティー河に近く、釈尊を荼毘にふした場所にストゥーパが建っている。遺骨（舎利）は当時の有力な八つの部族の人々に分骨された。遺骨を舎利というが、この語はシャリーラの音訳語である。原語は単数では身体を意味し、複数になると遺骨の意となる。玄奘三蔵はこの荼毘処に訪れ、その地が今に黄黒い色を留め、土には灰や炭が混じっていることを感慨深く記している。伝説では釈尊の遺骸を荼毘にふそうとしても、初めは火葬の薪に火がつかなかったという。それは仏弟子の中でも信頼のあつい大迦葉《だいかしょう》がいまだクシナガラに到着しておらず最後の別れがすんでいなかったからである。『西域記』には、到着した大迦葉のために仏陀が棺の中から両足を現して示したという伝説のあることを伝えている。イエス＝キリストの復活の信仰と比較しても興味深い。

古くからの宗教都市

『西域記』第七巻は婆羅尼斯（ヴァーラーナシー、現在のバラナシ（バナーラス））国から始まっている。クシナガラから森林のなかを五百余里ほどでこの地に至る。この地名は一説にはヴァラナーとアシーという二つの河の名から付けられたと伝えられる。古くはカーシーと呼ばれ古代の十六大国の一つに数えられた国である。釈尊以前にはこのカーシー国は北インド最大の強国であった。この地の織物は特に名高く、太子時代の釈尊もこの地で織られた着物を着ていた。

鹿野苑（サールナート）

今日のバラナシはヒンドゥー教の七大霊場の一つとされ、ガンガー河の北岸にはガートと呼ばれる沐浴場が続いている。古くからの宗教都市である。通りには櫛の歯のように家々が建ち並ぶさまは玄奘三蔵の時代と変わらない。玄奘三蔵当時、三十余箇所の伽藍では三千人ほどの僧徒が正量部の教義を学んでいた。（『慈恩伝』には二千余人が小乗の説一切有部を学んでいたと記している。）それに比して仏教以外の外道は一万人以上もおり、かれらの多くは大自在天の信仰に傾倒していた。河を越えて東北に十余里ほどで釈尊の初転法輪《しょてんぽうりん》の地・鹿野苑（現在のサールナート）に至る。ここがかつての釈尊の初めての説法の地である。現在のバラナシから四マイル、約六・五キロの距離である。かつて鹿野苑はリシ・パタナ（仙人の住所）とも呼ばれていた。さとりを得た釈尊は伝道を決意し、はじめにかつて師事した二人の仙人に自らの得た境地を説こうとした。しかしかれらはすでにこの世を去っていた。そこで鹿野苑に至った釈尊は、それまでともに苦行にはげんでいたアジュニャータ＝カウンディニヤ（阿若憍陳如）など五人の修行者にたいして法を説いた。かれらは釈尊が苦行を放棄したのを知って釈尊のもとを離れ、この地にやって来ていた。釈尊の説法は法輪（ダルマ・チャクラ）が転じられることに喩えられる。そこで初めての説法を初転法輪という。現在の鹿野苑には近くにサールナート博物館がある。ここに収められているアショーカ王の石柱法勅の獅子の頭部が、今日のインド国家の紋章のモチーフとなっている。玄奘三蔵も鹿野苑の精舎の西南にあった当時百余尺の高さのあったこの石柱を観察している。その傍らに弥勒（マイトレーヤ）菩薩が成仏の予言を受けたという伝説の場所と、さらにその西には迦葉仏によって護明菩薩が成仏の予言を受けたという伝説の場所にストゥーパが建っていた。護明菩薩は釈迦牟尼《しゃかむに》仏になったという。その南には過去四仏が経行（散策）したという場所などもあった。

伝説の聖地

ガンガー河に沿って東に三百余里ほどすすむと戦主国となる。現在のガージープルに比定する説もある。ガンガー河に臨んだ都城をさらに東に進むとアヴィッダ・カルナと名付けられる立派な彫刻をほどこした伽藍があった。この寺院名は「不穿耳（貫かれざる耳）」を意味する。かつて覩貨邏《トカラ》国から来た旅僧たちが心安く身を寄せる処もないことを憐れんで、この国の王がかれらのために建てたものであった。かれら覩貨邏国の僧侶たちがこの地の出家たちと異なって耳に穴をあけていなかったことがこの寺院の名の由来となっていた。この伽藍からさらに東南に百余里ほど進んでガンガー河を越えると摩訶娑羅（マハーシャーラ）の村となる。さらに東南に百余里ほど進んだ処に瓶塔があった。釈尊の遺骨は荼毘にふされた後に分骨されたが、そのときに舎利の量を均等に計った婆羅門が、分骨をする前の瓶の内部に蜜を塗っておいた。その後、婆羅門は瓶の内部に付着した舎利を得てストゥーパを建立し、瓶とともに安置したというのである。この塔はすでに基壇は崩れかけていた。

ここから東北に進んでガンガー河を渡り、百四、五十里で吠舎釐（ヴァイシャーリー）国に至った。気候も温暖で土地は肥え、マンゴーやバナナなどの果物も多く実っていた。吠舎釐《ヴァイシャーリー》は古くはリッチャヴィ族の首府として栄えた。釈尊当時には商業都市として様々な皮膚の色の人種がいた。仏典に登場するアンバパーリーもこの地の名高い遊女である。彼女の生んだ私生児が名医ジーヴァカである。また第二回目の仏典結集もこの地で行われた。ところがかつて数百もあった伽藍は玄奘三蔵当時はほとんど崩壊していた。『西域記』にはここの「露形の徒はその仲間たちが非常に多い」と記している。仏教と同時代のジャイナ教の開祖マハーヴィーラも吠舎釐《ヴァイシャーリー》北部のクンダ村の出身である。かれらジャイナ教の厳格派（ディガンバラ）の僧侶たちは今日も裸体で修行をする。「露形の徒」はかれらと関連があるかもしれない。宮城の近くにはヴィマラキールティ（維摩）の故宅の跡というのがあった。釈尊は晩年、最後の旅路の途上、この吠舎釐《ヴァイシャーリー》での説法を終えると象がゆっくり大きな身体をひるがえすかのようにして町を眺め、侍者のアーナンダ（阿難）にこれが最後の眺めとなることを伝えたという。

玄奘三蔵は『西域記』でこうした伝説の聖地に触れながら、この地における第二結集の由来について述べている。釈尊滅後百年ほどすると出家の僧侶（比丘）の生活にも次第に変化が生じてきた。

特に商業都市の吠舎釐《ヴァイシャーリー》では比丘たちが金銭の布施を得ていたこともあって、それを問題視する保守派の人々が集まって議論をした。その結果、当時進歩的な比丘たちが行っていた十の事項に関してそれらすべてが違法であると決議し、あらたに戒律を中心とした三蔵の結集を行った。これが第二結集といわれるものである。一方、進歩的な比丘たちはこれにたいして一万人もの集会を開き、これによって仏教教団（サンガ）は保守的な上座部（テーラヴァーダ）と進歩的な大衆部（マハーサンギカ）とに二大分裂したと伝えられている。玄奘三蔵はこの伝説の結集の場所からさらに南へ九十里ほど下って湿吠多補羅（シヴェータプラ）の伽藍に至った。ここで玄奘三蔵は『菩薩蔵経』の原典を得たのである。この経典は帰国後の玄奘三蔵が初めに原典に基づいて漢訳をした経典である。このサンスクリット語の経典『ボーディサットヴァ・ピタカ』が発見されたという貴重な報告を、先年、北京大学を訪問したときに、北京の民族文化宮の蔣忠新教授が語ってくれた。『西域記』では続いて東北方にある弗栗恃（ヴリジ）国と、さらに雪山にある尼波羅（ネパーラ）国に触れている。

マガダ国の霊跡

『西域記』巻第八は中インドの摩掲陀（マガダ）国から始まっている。釈尊の主な布教伝道の拠点は摩掲陀《マガダ》国の王舎城（ラージャグリハ）とコーサラ国の舎衛城（シラーヴァスティー）とであった。当時の摩掲陀《マガダ》国王ビンビサーラは釈尊に帰依し、竹林精舎を寄進した。玄奘三蔵当時、この地には伽藍も五十箇所以上あって、その多くは大乗の教えを習学していた。その昔、この肥沃な大地では唐土とは別種の粒の大きな稲を産していた。王舎城は今日のビハール州の中央部に位置する。ビハールという州名は精舎（ヴィハーラ）からきている。この州では僧院が数多くあることから州名となった。かつての肥沃な土壌は瘦せ、昔日の面影はない。現在この州はインドでは貧しい州の一つに数えられるという。玄奘三蔵はガンガー河を南に渡って摩掲陀《マガダ》国に入った。マウリヤ王朝の時代の摩掲陀《マガダ》国の首都が華氏城（パータリプトラ）である。釈尊当時にはガンガー河の船着き場であった。玄奘三蔵の観たかつての都城の城跡は、すでに荒廃しその基址のみが残っていた。玄奘三蔵はガンガー河の北に位置する小城に七日の間留まって、付近の霊跡を巡拝した。アショーカ王がかつて造らせたという牢獄の跡には、数十尺の高さの石柱が建っていた。王は罪を取り調べることなく人々を牢獄に投じて殺害した。やがて王は人々を苦しめたことを悔恨し、それを壊して埋めてしまったという。この牢獄には覆鉢の形をしたストゥーパがあった。それはアショーカ王の建てた八万四千の仏塔の一つであった。仏典にしばしば記される八万四千という数は、事物の多さを表す数量で実際の数とみなす必要はない。アショーカ王は牢獄を廃してのち、仏教の信仰に目覚め、八つに分骨した釈尊の舎利を再び集めて八万四千のストゥーパを造ったと伝えられている。このストゥーパの近くの精舎には如来の足跡の残る大きな石があった。一尺八寸もの長さの足跡には輪相が描かれていた。その昔、釈迦如来がクシナガラに向かったときに、この石の上で振り返って摩掲陀《マガダ》国を眺めたと伝えられていた。この精舎の傍らにも三十余尺の高さのあるアショーカ王石柱が建っていた。この石柱は法顕三蔵も観察している。玄奘三蔵は滞在中に、アショーカ王の建立したといわれる鶏園寺の跡や、馬鳴（アシヴァゴーシャ）の旧蹟などパータリプトラの周囲にある遺跡を実際に確かめ『西域記』に克明に伝えている。

聖地とその衰退

パータリプトラ（現パトナ）から西南に三百里ほどで低（鞮）羅択（磔）伽（テーラーダカ）寺に着いた。三層の楼閣や重門をもつこの寺院の僧侶数十人ほどが玄奘三蔵の来訪を知って出迎えた。マガタ国王ビンビサーラの子孫が建てたこの寺には千人近くの僧徒たちが大乗を学んでいた。ここから南に百余里ほど行くと釈尊成道の聖地である。玄奘三蔵は尼連禅河（ナイランジャナー）を渡って伽耶（ガヤー）城に至った。ガヤーは古代の宗教都市である。釈尊成道の聖地はこのガヤーのほど近くにある。ウルヴェーラー（後のブッダガヤー）の菩提樹の下で釈尊はさとりを開いた。ナイランジャナー河は北に流れ合流してファルグ河となる。このファルグ河をのぞんで前正覚（プラーグボーディ）山が南北に横たわっている。前正覚山というのはさとりを開く前の山という意味である。ここでさとりを開こうとする釈尊に神々が、さほど遠くない場所にある卑鉢羅（ピッパラ）樹の下の金剛宝座でさとりを開くようにと勧めたという。卑鉢羅樹はアシヴァッタ樹ともいい無花果樹の一種である。釈尊のさとり（菩提）に因んで菩提樹

（ボーディ・ヴリクシャ）とも称する。現在のブッダガヤーの大塔は五十メートルほどの高さがある。幾度もの修復を重ねたもので、かつてはその周辺が砂で埋もれていた。一九世紀になってカニンガムによる発掘調査が行われた。アショーカ王は即位十年にこの地を巡礼している。現在、大塔の背後には菩提樹が繁っている。この菩提樹は玄奘三蔵が来訪する五十年ほど前にベルガルのシャシャーンカによる破仏によって伐られた。伝説ではそれ以前にも外道を信奉するアショーカ王の王妃によって伐採されたことがあるという。王は悲しみ菩提樹に香乳を注いで祈ると、樹はもとのように還生したと伝えられる。玄奘三蔵は菩提樹がなおその時に四〜五丈の高さに成育していたことを伝えている。玄奘三蔵当時には、大塔の外門の左右の龕室《がんしつ》に白銀で鋳造した観世音菩薩と弥勒菩薩の像が祀られていた。はじめこの場所にアショーカ王が小さな精舎を建てた。その後、ある婆羅門がその精舎をさらに広く建てかえたという。菩提樹の下には幾何学模様のほりこまれた金剛法座がある。金剛（ヴァジラ）はダイヤモンドをいい、釈尊のさとりの堅固なことを喩える。この法座は大地とともに生じてその下部は地軸にたっしていると信じられていた。玄奘三蔵は五体を地に投じ、釈尊成道の聖地を拝する喜びとともに当時の仏教の衰退を嘆いて涙を零《おと》した。

ナーランダー

ナーランダーからの迎え　成道の聖地に玄奘三蔵は九日ほど滞在した。翌日、那爛陀（ナーランダー）寺から四名の高徳の僧侶たちが玄奘三蔵を迎えにきた。ナーランダーは王舎城の北約十三キロほどのところに位置する。『西域記』巻第九は尼連禅河《にれんぜんが》の東岸の史跡から触れている。釈尊時代のマガダ国の首都が王舎城（ラージャ・グリハ）である。現在のラジギールには王舎城の旧城と新城との遺跡が残っている。四方を山で囲まれた自然の要害ともいうべき地である。ビンビサーラ王の晩年、旧王舎城が火災にあい新城が新しく建設された。釈尊の二大弟子、舎利弗（シャーリプトラ）と目連（マウドガリヤーヤナ）が出家をするのもこの王舎城での出来事である。霊鷲山（グリドゥラクータ）は大乗経典の『法華経《ほっけきょう》』や『観無量寿経《かんむりょうじゅきょう》』などの説処としてしばしば登場する王舎城の東北に位置する霊山である。ビンビサーラ王が釈尊の説法を聴聞するために山頂までの道を造ったとも言われている。サンスクリット語のグリドゥラは「禿げ鷲《はわし》」を意味する。クータは「嶺」をいう。山頂がちょうど大きな鷲が羽をひろげたような形をしている。またこの山にはグリドゥラが住んでいたことから名付けられたともいう。ビンビサーラ王が釈尊に寄進した竹林精舎もさほど遠くない。釈尊の時代には往来に便利で、なおかつ瞑想に適した場所が精舎として選ばれた。竹林精舎の西南にはヴァイバーラ丘が横たわっている。丘の頂き近くの斜面には釈尊滅後、第一回目の経典結集が行われたという七葉窟がある。この丘の麓には温泉の湧き出る精舎がある。その温泉の源が雪山の南にあるという無熱悩池《むねつのうち》に発していて、小熱地獄の火熱によって熱くなるのだと土地の人々は言い伝えていた。今日、この温泉精舎にはヒンドゥー教徒の人々が沐浴のために集まり周囲には露店がたち並んで賑やかである。

温泉精舎に集まる人々

戒賢法師の夢

玄奘三蔵はナーランダー寺の荘園に到着した。そこは目連の出生地の村であった。二百人ほどの僧侶が大勢の信徒を引き連れて玄奘三蔵の来訪を歓迎した。かれらは幢《はた》や傘、花や香を手にして出迎えた。ナーランダー寺では僧侶や信徒たちが集まっていた。玄奘三蔵を上席に座らせてからかれらも座についた。役僧は、この寺の一切の法具《ほうぐ》や什物《じゅうもつ》を自由に使用するようにと告げた。やがて経典や律蔵に詳しく威儀の整った壮年の僧侶二十人を差し向けて、玄奘三蔵を戒賢（シーラバドラ）法師のもとに案内をさせた。彼は当時百歳を越えていた。ナーランダー寺の人々は彼を敬いその名を呼ばずに正法蔵と尊称していた。玄奘三蔵はインドの儀礼通りに五体投地の礼をして挨拶の言葉を述べた。戒賢法師は異国の青年僧が、彼のもとで『瑜伽論』を学ぶために支那（チーナ）からはるばるやって来たことを知ると涙を流した。弟子の覚賢（ブッダバドラ）を呼び寄せると、三年前の病の際の出来事を語らせた。覚賢も支那から求法の僧が到着したことを知って涙を流して次のような話しをした。

「和上は、二十年近く痛風を患っておりました。その発作は火で手足を焼くような、あるいは刀で刺すような痛みでございました。その痛みは三年ほど前が最も激しかったのです。和上は苦しみのもととなる自らの身体を厭い断食をして命を絶とうと考えました。その夜、夢の中に三人の神霊が現れたのです。かれら神霊は、和上が前世で国王として生まれたときに、民を悩ませた罪がこの世で受ける苦しみになっているのだと告げました。そして自ら懺悔し、苦しみを耐えて経論をひろめればその痛みも消え失せるであろう、と教えたのです。この三人の神霊はそれぞれ観世音菩薩・慈氏（弥勒）菩薩・曼殊室利（マンジュシリー）菩薩であったのです。その時、金色の身体をした曼殊室利菩薩が、『瑜伽論』などの正しい仏法を顕揚して広

ナーランダー僧院

めれば、痛みの無くなることと、支那から『瑜伽論』を学びに来訪する僧侶があるので、彼に教えを説くようにと告げたのです。和上が教えに従うことを誓うと、かれら三人の菩薩の姿は消え、それ以後、和尚の身体の病も癒えたのです。」

傍らの人々はこの話しを聞いて驚き、奇異の感を懐いた。玄奘三蔵は感激をし、戒賢法師に、力を尽くして正しい法を聴聞し学ぶことを誓った。戒賢法師は、「あなたが旅に発てから幾年になるのであろうか」と尋ねた。すでに唐の都を発って三年の年月が流れている。丁度、戒賢法師が夢で神霊に誓い、病が癒えたその年と符合する。玄奘三蔵は喜びがさらに溢れ、師弟としての出会いに不思議な縁を感じた。これ以後、玄奘三蔵はナーランダー寺内の立派な房舎（上房）に居住して勉学に励むこととなった。日毎に様々な果物や大粒の米一升が与えられた。特にマガダ国産のその大粒の米は香りもよく、「供大人米」と称され、国王や高徳の人々のみが供せられたものであった。その他に、月に油が三升、乳品は毎日欲するだけ給せられた。召使は一人、婆羅門も一人つけられ、僧侶としての雑務はすべて免除された。さらに外出の際は象の輿に乗ることが許された。義浄三蔵の『南海伝』によれば、当時、ナーランダー寺で上房を給せられ召使を与えられるのは経・律・論の三蔵の一つに精通した者のみであった。玄奘三蔵のような待遇を得ていたのは数千人もの僧侶の中でも僅か十人ほどであったという。

ナーランダーでの修学

ナーランダー僧院は、伽藍の南にあるマンゴー林の池に住んでいた龍の名をあてて寺号としたものであるという古老の話しがあることを玄奘三蔵は伝えている。現在のナーランダーの仏教大学の遺跡は五世紀のグプタ時代以降のものであるが、寺院の建立以来七百年以上をへていた。広大な遺跡はまだその一部分しか発掘されていない。寺院の敷地はその昔、五百人の商人が買い求めて仏陀に寄進したと言われていた。仏陀釈尊がここで三か月の間説法をしたとも伝えられていた。その後、マガダ国のシャクラ＝アーディティヤ（帝日）王が仏教を信奉してこの地に伽藍を建て、歴代の王によって増築されたという。周囲は煉瓦の垣を高く巡らせ、境内には八つの伽藍があった。すべての伽藍へは一つの門から出入りが出来た。境内には清らかな水が流れ、青い蓮の花が咲き誇っていた。僧院は四階建ての立派な建物で、建築物にほどこされた彫刻は壮観なものであった。玄奘三蔵当時、ナーランダー寺には数千人もの俊才の僧侶たちがいた。その名を遠方にまで轟かせているものでも数百人おり、年少・年長の別なく勉学に励み、互いに研鑽しあっていた。留学を志してやって来た人々も十人中、七、八人はついて行けずに退散するありさまであった。寺院内ではナーランダー寺で遊学したということを偽って語っても人々から丁重にもてなされたという。玄奘三蔵はナーランダー寺に留まると、早速、釈尊の布教伝道の地王舎城付近の霊跡を巡拝した。

インド全土の仏教伽藍のうち、規模においてもその壮麗さにおいてもナーランダー寺に匹敵するものはなかった。当時この寺院では大乗仏教が主として研鑽されていたが、その他の部派仏教の教理も学ばれていた。それだけではなく婆羅門教の聖典『ヴェーダ』や論理学（因明）、音韻学（聲明）、医学、数学などインドの伝統的な学問などの研習も行われていた。並み居る碩学のなかでも戒賢法師はかれらの宗匠と仰がれていた。寺院内では講座が日に百箇所以上も開かれ、学徒たちは一時も無駄にせずに学習することができた。マガダ国王・戒日王はナーランダー寺を重んじて充分な供養を行っていた。王は領土の中の百以上の邑からの収入を供養に充てていたために、僧院の学徒たちは何不自由なく勉学に励むことが出来た。こうして玄奘三蔵はナーランダー寺に滞在し、戒賢法師について『瑜伽論』を学ぶことになった。この機会を逃がすまいとして一緒に聴聞を願う学徒は数千人にもおよんだ。

ナーランダー寺における勉学は五か年に及んだ。この間、『瑜伽論』を三遍聴聞した。その他に『順正理論《じゅんしょうりろん》』『顕揚論《けんようろん》』『阿毗達磨《あびだつま》』を一遍、『因明《いんみょう》』『聲明《しょうみょう》』『集量《じゅりょう》』を二遍、『中論』『百論』をそれぞれ三遍、聴聞し学ぶことができた。その他の『倶舎論』『婆沙論《ばしゃ》』『六足阿毘曇《ろくそくあびどん》』などの諸々の論書は、これまでカシミール諸国で聞き終わっていたので疑問点のみを正すだけでよかった。玄奘三蔵は仏典を修学しただけではなく、滞在中に婆羅門教の梵書も学び、インドの言語にも通達した。

東インドから南インドへの旅

吉祥のしるし

玄奘三蔵は五か年の留学を終えて再び旅に発った。すでに長安を発ってから八年目を迎えていた。東の伊爛拏鉢伐多（イーリナ・パルヴァタもしくはヒラニヤ・パルヴァタ）国を目指し、途中、迦布徳（カポータ）伽藍に立ち寄った。景勝の地に廟や精舎が建っていた。精舎には栴檀を彫った観自在菩薩の像が四方を囲む手すりから七歩ほど離れたところに安置されていた。その霊験は周囲に轟き、常に数十人もの人々が七日、もしくは十四日間、穀類や汁類を断って願望の成就を祈っていた。人々は菩薩像に花を投げ掛け、もし手に花が留まったら吉祥のしるしであり、願望が叶えられると信じていた。玄奘三蔵も、花を買いもとめ、至心に礼拝して三つの願をたてた。「一つには、この地で学び終えた後、帰国の途中、平安で苦難がなければ、願わくば、花は菩薩の手に留まらんことを。二つには、修学した福徳の智慧によって、命終の後にトゥシタ天に生まれ慈氏（弥勒）菩薩に仕えることができるならば、願わくば、花が菩薩の両臂《ひじ》にかからんことを。三つには、聖典には衆生の中に、僅かの仏性もないものがいるとあります。もし玄奘に仏性があり、修行の後に仏となることが出来るならば、願わくば、花が菩薩の頸にかからん

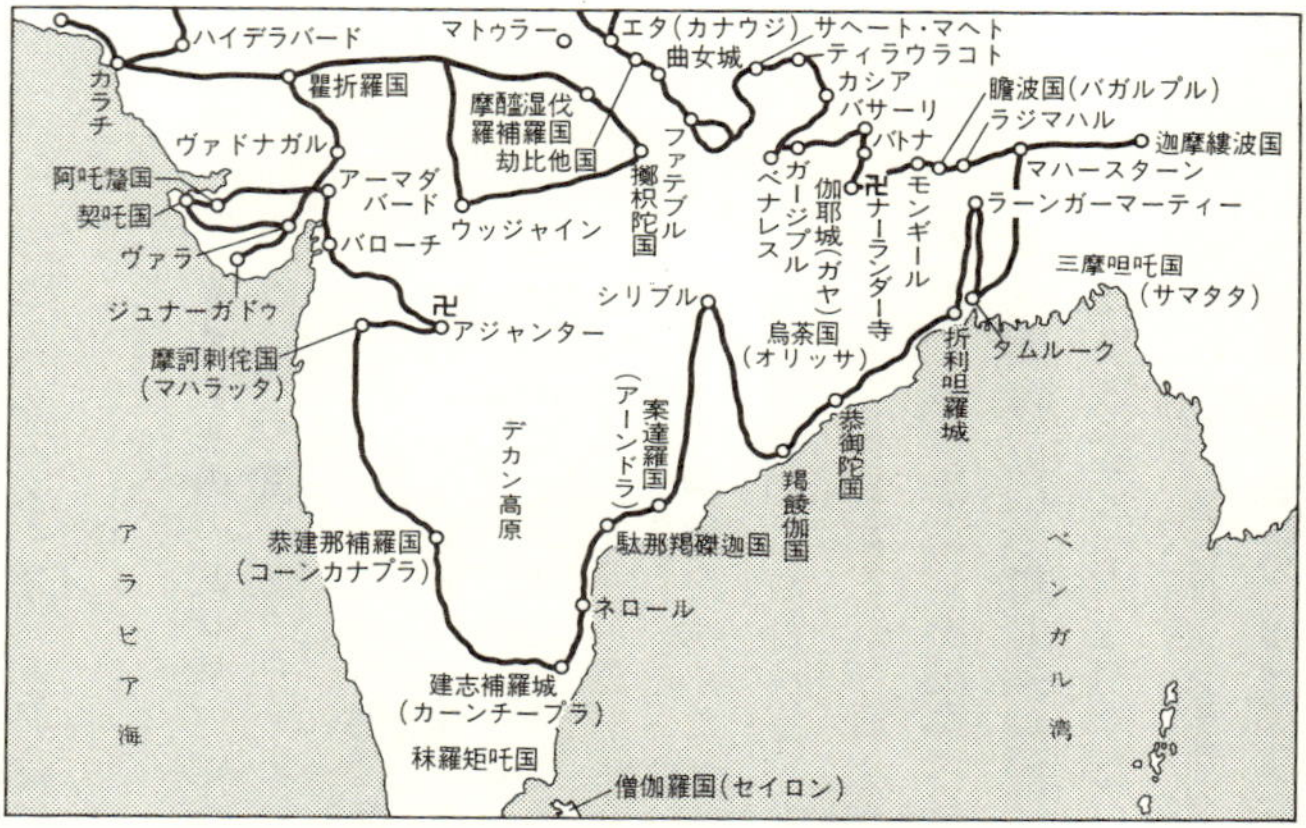

玄奘の訪ねた東・南インドの国々

ことを。」こう願をかけて花を投じると、花は観自在菩薩のそれぞれの身体の箇所にかかって留まった。傍らの人々や精舎を守っている番人は、この不思議な出来事を観て、指をならし足を踏みならして感嘆した。「未だかってこうした不思議なことは見たことも聞いたこともありません。もし貴僧が将来、さとりを開いて仏陀となった時には、ここに居合わせた因縁を思い出して我々もお救いください」と哀願する者も出るほどであった。

やがて伊爛拏鉢伐多《イーリナ・パルヴァタ》に着いた。『西域記』巻第十はこの国から始まっている。かつてのモーダーギリ、現在のモンギールにあたる。都城はガンガー河を北に臨み、十余箇所の伽藍では正量部（『慈恩伝』では説一切有部）の教理を四千人ほどの僧徒が学んでいた。隣国の王が最近この国の君主を廃し、都城を仏教サンガに施して新たに二つの寺院を建立した。その寺院では説一切有部の教理を学んでいる。その寺院には二人の碩学の僧侶がいた。一人は如来密（タターガタ・グプタ）、もう一人は獅子忍（クシャンティ・シンハ）といった。玄奘三蔵はここに一年ほど留まって

『毘婆沙論《びばしゃろん》』や『順正理論《じゅんしょうりろん》』を読了した。

東インドの異道の国

この地での留学を終え、さらにガンガー河の南岸に沿って東に三百里ほど進んで瞻波（チャンパー）国に着いた。現在のバーガルプルの近くにあたる。古代の十六大国の一つアンガ国の首都である。周囲四十里ほどの都城には伽藍が数十箇所あったが、その多くは崩れて傾いたままの状態であった。そこでは二百人ほどの僧徒が小乗仏教を学んでいた。伝説では太古、人々が穴居生活をしていたころ、天女が人間界に降下してガンガー河に沐浴をし、水の精霊に触れた天女は四人の子供を生んだ。この四人はそれぞれ瞻部（ジャンブ）州（インド）を四分し、王となって領土を治めた。古くはマーリニー、或いはマーリナの名で知られるこのチャンパーの地はその内の一人が都を置いた場所であり、瞻部《ジャンブ》州における最初の都城であるという。国の南の境には広大な密林があり、野象が数百頭も群れをなしていることもあった。その他にも山犬や犀、黒豹なども林にはよく出没するために人々も密林を行くことはなかった。野象は象つかいによって調教され乗物として利用される。野象の群れを見て、インドでも特に伊爛拏鉢伐多《イーリナ・パルヴァタ》国や、この瞻波《チャンパー》国には象軍が多いのも頷けた。

瞻波《チャンパー》国を東に四百余里ほど進むと中インドの境、羯末(朱)嗢祇羅(カジャンガラ)国である。六～七箇所の伽藍に僧徒は三百人ほど。瞻波《チャンパー》国同様に、ここにも異道の人々が雑居している。すでに王家の家系は途絶え隣国に隷属し、城郭も崩れ落ちていた。戒日王は東インドに出遊するときに、この国の滞在では茅葺《かやぶき》の臨時の宮殿を造り、立ち去る時にはそれを焼き払っていた。さらにガンガー河を東に進み、六百里ほどで中インドの東の境界、奔那伐弾那（プンナ・ヴァダナ、プンドラ・ヴァルダナ）国である。ベルガルの北部にあたる。現在のパブナ或いはラングプルとみる説もある。ここでは住民も多く、農業も盛んで冬瓜ほどの大きさのバナサ（パン）の実を栽培していた。二十箇所程の伽藍に、僧徒は三千余人。大乗小乗を兼ねて学んでいた。異道や裸形派のジャイナ教の人々も数多く住んでいた。ここから更に東南に九百里ほど進むと東インドの境界、羯羅拏蘇伐剌那（カルナ・スヴァルナ）国（『西域記』には続いて迦摩縷波（カーマルーパ）国を述べる）に至った。カルナ・スヴァルナとはサンスクリット語で「金の耳」の意味で、仏教を迫害したシャシャーンカ王の住んでいたところである。ここには十余箇所の伽藍に僧徒が三百余人（『西域記』では二千余人）ほどいた。かれらは正量部の教理を学んでいた。異道の人々も非常に多い。他に三つの伽藍があってその僧徒たちは乳酪を食せず、釈尊に違背してサンガを離脱した提婆達多の遺訓を継承していた。

南インドへの出発

ここから東南に進むと三摩怛吒（サマタタ）国である。ベンガル湾のデルタ地帯に位置するこの国では農業も盛んで、果実も多く産していた。ただし人々の気質は激しく背丈は低く皮膚の色も黒い。三十余箇所の伽藍では二千人ほどの僧徒が伝統的な上座部の教理を学んでいた。この国の東北や西南にはおよそ六つの国があることを玄奘三蔵は伝え聞いた。三摩怛吒《サマタタ》国から西に九百余里ほど行くと耽摩栗底（タームラ・リプティー）国、現在のタムルークに比定されている。マウリヤ王朝の時代にはマガダ国の一部分であった。東インドの港町として中国や東南アジアとの交通の重要な場所であった。その昔はギリシア人はタマリテースと呼んでいた。海岸の近くのこの国では陸と水上との二つの交易で人々も大抵は裕福であった。このタームラ・リプティーから西北に七百里ほどが羯羅拏蘇伐剌那《カルナ・スヴァルナ》国である。玄奘三蔵はここから海路を七百ヨージュナのところに僧伽藍（シンハラ、スリランカ）と名付ける国があるということを聞いた。そこでは伝統的な上座部の三蔵を伝え『瑜伽論』をよく解する人がいると聞いて、玄奘三蔵は渡航の機会を待った。ところが南インドから来た僧侶に会い、彼は海路よりも陸路で南インドに下ることを勧めた。「ここから海路に行くには危険が多い。南インドからならば三日ほどの船旅で僧伽藍《シンハラ》国に着く。それに途中には烏荼（ウドラ）国やその他の国があり、霊跡の巡拝もできるではありませんか。」玄奘三蔵はこの忠告に従って陸路を南下し、烏荼《ウドラ》国に向かった。

古代都市に残る伝説　烏荼（ウドラ）国は古くはトーサリーあるいはドーサラの地名で知られていたところで、現在のオリッサ州の北方に比定されている。都城の周囲は二十里ほどで、玄奘三蔵の訪れた頃には土地も大変に肥沃で農業も盛んであった。人々の皮膚の色も黄黒く言語も中インドとは異なっていた。百余箇所の伽藍では一万もの僧徒が大乗仏教の教理を学んでいた。この国の東南の海岸にはチャリトラという町があって、海路を行く商人や遠方からの旅人たちが集まっていた。セイロン島はそこから二万余里離れているが、静かな夜には仏牙を安置したというストゥーパの頂きの宝珠が見えると『西域記』では述べている。恐らく現地の敬虔な仏教徒たちが信仰の眼でこの輝きを見ることができたのであろう。

ここから西南は広大な森林地帯である。千二百余里ほどで恭御陀（コーンゴダ）国に着いた。海に隣接して二十里ほどの都城があるが、この国では外道を重んじ仏教を信奉していなかった。さらに西南に荒野の林を千四、五百里ほど進むと南インドの境界となる羯餧伽（カリンガ）である。アショーカ王は即位八年の年にこの国を攻め滅ぼした。この戦争で十万の人々が殺され、その悔恨の気持ちから王は仏教の信仰に目覚めたという。ここには十余箇所の伽藍で五百人ほどの僧侶が上座部の教理を学んでいた。さすがに南インドはそれまでの中インドの国々とは言語も異なっていた。かれらの言葉は軽やかで早いが、音調ははっきりとしていた。特にこの国では青い野象を産し、近隣の国にも珍しがられていた。マウリヤ王朝の時代に、シリアから派遣されたギリシア人の大使メガステネースはこの国の軍隊が強大で、歩兵六万、騎兵一千、象軍は七百もあると記している。

玄奘三蔵は羯餧伽《カリンガ》国から西北に道をとって、中インド最南の境界、憍薩羅（コーサラ）に向かった。インドの二大叙事詩の一つ『ラーマーヤナ』にも登場する古代の都市である。南憍薩羅国《コーサラ》は現在のシンプルにあたる。当時、一万人ほどの僧徒が大乗の教えを学んでいた。この城の南に古い伽藍があり、近くにはアショーカ王のストゥーパが建っていた。その昔、釈尊がここで神変を現じて外道を降服させた場所であるという。後に、龍猛（＝龍樹、ナーガールジュナ）菩薩がそこに留まり、この国の国王の帰依を受け、そして命を絶った場所でもある。龍猛菩薩は薬術に詳しく、寿年も数百歳であったと『西域記』は伝えている。また龍猛菩薩が自らの命を絶ったことにも触れている。その伝説が正しいかどうかというよりも、その背後にある思想的特徴には、仏教の菩薩の思想が表明されている。その当時の王・娑多婆訶（シャータヴァーハナ）は龍猛菩薩の妙薬によって長寿を保っていた。ところが王子は父王が亡くなるまでは王位にはつけない。どうしたら王位につくことができるかを母に相談した。すると母は龍猛菩薩のもとに行って、願い申し出ることを勧めた。十方三世《じっぽうさんぜ》の諸仏は衆生を憐愍《れんびん》し自らの身命を惜しまない。菩薩も必ず願いを叶えてくれるであろうと王子に語った。そこで王子は龍猛菩薩に、ある願いを叶えるためには人間の頭部が必要であり、それを喜んで施してくれる人を求めていることを告げた。龍猛は自分が命を終えると王もまた亡くなることを憂いつつ、王子の願いを叶えるために乾いた茅の葉で自らの首をはねた。首は鋭利な剣で切られたように落ちた。自らの身体を投じて飢えた獣に施す話しや、様々な善行物語がジャータカをはじめとする仏教説話には記されている。一切衆生の救済のために、我が身を喜んで施す理想の人格はボーディ・サットヴァ（菩薩）と言われた。龍猛菩薩の捨命の伝説にも理想の仏道修行者の姿が描かれている。

南へ南へ

憍薩羅《コーサラ》国から西南に三百余里のところに黒蜂山（ブラーマラ・ギリ）があった。ブラーマラは「蜜蜂」を意味し、ギリは「山」や「岳」をいう。娑多婆《シャータヴァー》訶《ハナ》王が龍猛のためにこの山中に伽藍を建立した。十数里に渡って道を掘り開けて建立したものであった。楼閣は五層で、それぞれの層は四院に分かれていた。各院の精舎には等身大の金色の仏像が安置されていた。高い山の峰から引いた水は泉となって重閣の周囲を流れていた。この伽藍の建設には莫大な費用がかさみ、人々は疲れはて国庫は空になるほどであったという。玄奘三蔵は因明に精通した婆羅門に就いて一月ほど滞在して『集量論』を学んだ。

ここから南下して広大な森林の中を九百里ほど進み、玄奘三蔵は案達羅（アンドラ）国に入った。ゴーダーヴァリー河とクリシュナ河に挟まれたこの国には二十余か所の伽藍があり三千人ほどの僧徒がいた。現在のエッロールの付近にあたるこの案達羅《アンドラ》国は、娑多婆《シャータヴァー》訶《ハナ》王の時代にはマガダ国と対抗するほどの強国であった。都城の近くには『因明《いんみょう》正理問論《しょうりもんろん》』の作者・陳那（ディンナ、ディグナーガ）に因んだストゥーパが建っていた。この論書は玄奘三蔵が帰国後に翻訳をしている。

ここから更に南下して原野を行くと千余里ほどで駄那羯磔迦（ダーニヤカタカ）国である。ダーニヤは「穀物」を意味し、カタカは筵《むしろ》のことをいう。都城は現在のアマラーヴァティーの近くに比定されている。仏教はこの国でも荒廃し、わずかに二十余箇所の伽藍で大衆部の教理を学んでいた。都城の東と西にはそれぞれの方角に因んだ伽藍があった。この国の先王が岩山の崖を削って建てたものであるが、この百年ほどは僧侶も住まず、霊山を守る山神も豺狼や猿に姿を変えてしまったということであった。南の山には清辯（バーヴァヴィヴェーカ）の旧蹟があった。それは清辯が慈氏（弥勒）菩薩の成仏を待っている処であると伝えられていた。慈氏（弥勒）菩薩は、五十六億七千万年の未来にこの世界に現れると信じられている。清辯は龍猛（龍樹）の学系を継いで空の立場を説いた。彼は摩掲陀《マガダ》国の護法（ダルマパーラ）と談義するためにパータリプトラまで赴くが、目的が果たせずに本国に帰った。彼は懐いていた疑問を解決すべく、観自在（観世音）菩薩の像の前で「随心陀羅尼（マハーカールニカ・チッタ・ダーラニー）」を唱え、穀物を絶って三年がたった。すると観自在菩薩が彼の前に姿を現した。観自在菩薩の言葉に従って彼は駄那羯磔迦（ダーニヤカタカ）国に至った。清辯は観自在菩薩が教えたとおりに執金剛神に祈願をした。やがて三年がたつと執金剛神が姿を現し、清辯に秘法を授けた。こうして彼は慈氏菩薩の出現までのあいだ、岩壁の中に入ってしまったというのである。玄奘三蔵は駄那羯磔迦《ダーニャカタカ》国でスブーティとスーリヤという大衆部に属する二人の僧侶から論蔵を学ぶために数か月滞在した。かれら二人も玄奘三蔵から大乗の論書を学び、意気投合した三人は聖地を共に巡礼した。

それより西南（『慈恩伝』には西）に千余里で珠利耶（チョールヤ或いはショールヤ）国に至った。マドラスの北方にある現在のネッロールにあたる。当時は国は荒れ果て戸数も少なく、藪や沢の多い荒れ地が広がっていた。盗賊も横行し、人々は外道を信奉していた。僅かながら僧徒もいたが特に露形外道たちが目についた。城の西方、さほど遠くない場所にアショーカ王の建てたストゥーパがあった。その昔、釈尊が外道を降服させた場所であるという。近くには古い伽藍があった。提婆菩薩がこの寺のウッタラ阿羅漢と論議をしたとされる処である。マドラスから南のこの地域は現在のタミル・ナードゥに含まれ、言語もタミル語圏となる。タミル語は南インドのドラヴィダ系の言語を代表するものである。

シンハラ国行きの断念

珠利耶《チョールヤ》国を過ぎてさらに南下すると千五、六百里で達羅毗荼（ドラヴィダ）国である。都は建志補羅（カーンチープラ）、現在のコンジィヴェラムである。土地は肥え農業も盛んであった。百余箇所の伽藍では一万人もの僧徒がおり、みな上座部の教理を学んでいた。建志補羅《カーンチープラ》はダルマパーラ（護法）の生誕地である。彼はこの国の大臣の子として生まれた。優れた才能は王の目にとまり、やがて国王の娘を娶《と》ることになった。ところが欲望の心を離れていた彼にとってそれは難に他ならなかった。婚礼の夜、彼は山寺に逃れて出家してしまった。後にナーランダー寺に留まって数多くの論書を著述した。法相宗では護法・戒賢・玄奘というように法が相承したとする。建志補羅《カーンチープラ》は当時、インドから南海へ船出をする門戸で、僧伽羅《シンハラ》国すなわちスリランカまでは海路三日の距離であった。ところが玄奘三蔵が渡航の準備をしている内に、僧伽羅《シンハラ》国から内乱を避けて三百人以上もの僧徒が逃れてきた。かれらの中で指導的な人物が、高僧ボーディメーゲーシヴァラとアバヤダンシュトラであった。僧伽羅《シンハラ》国では国王の死去とともに内乱が起こり、人々はそのために飢饉《ききん》に襲われているというのである。すでに僧伽羅《シンハラ》国には三蔵に精通する僧侶はいないという。玄奘三蔵は難を逃れてやって来た高僧に『瑜伽論』の要文を引用して尋ねてみたが、ナーランダーで学んだ師・戒賢を越える意見をもっているものはいなかった。玄奘三蔵は僧伽羅《シンハラ》国への渡航を断念し、西インドの霊跡を巡って帰途につくことにした。『西域記』や『慈恩伝』には達羅毗荼《ドラヴィダ》国に続いてインド最南の秣羅矩吒（マラクタ）国、そして僧伽羅《シンハラ》国に触れているがそれは伝え聞いたものである。秣羅矩吒《マラクタ》には観音菩薩の霊場として名高い布（補）呾落迦（ポータラカ）山がある。

『西域記』巻第十一は僧伽羅《シンハラ》国ほか二十三か国を紹介している。僧伽羅《シンハラ》国すなわちスリランカ（シリーランカー）はかつてランカーとも呼ばれていた。セイロンという呼び名はシンハラからきている。伝説ではアショーカ王の王子マヒンダがセイロンに派遣されて以後、伝統的な仏教が伝えられたという。玄奘三蔵は僧伽羅《シンハラ》国の僧侶七十余人とともに達羅毗荼（ドラヴィダ）国を発った。僧伽羅《シンハラ》国の僧侶が同行した理由は定かではないが、玄奘三蔵に啓発されたということは充分考えられる。一行は西北に道をとり二千里ほどの恭建那補羅（コーンカナプラ）に達した。今日のトゥンガバドラー河流域のアンナグンディ、或いはコーカヌールに比定する説もある。当時、この国の百余か所の伽藍では一万人ほどの僧徒が大乗・小乗を兼学していた。宮城のそばには大きな伽藍があって三百人ほどの才能ある立派な僧徒がいた。伽藍の精舎には太子時代の釈尊が用いたという宝冠があった。斎日毎にその宝冠は高座に安置され、香花で供養されていた。城の北には色つややかで葉が長くて広い多羅（ターラ）の樹林があった。樹林は周囲三十余里もの広さである。近隣諸国ではこの樹林の多羅の葉を書写の材料として用いていた。

アジャンターの石窟寺院

ここから西北に道を進むと大森林となる。猛獣のみならず残虐な盗賊が出没する。二千四、五百里ほどで摩訶剌侘（マハーラタ、マハーラーシュトラ）国である。この国の人々の気質を玄奘三蔵は触れている。かれらは恩と同様に怨みにも必ず報いを返す。もし辱めを受ければ命をおとしても仇を打つ。但し報復も必ず事前に通告をし、互いに甲冑で身を固めてから鋒《ほこ》で争うという。国王はクシャトリヤ（武士）階級の出身であった。王は戦いに敗れた者には女子の服を与えて恥を感じさせた。女子の服を与えられたものの多くは自決をした。決戦のときには勇士や象にも酒を飲ませて武勇を鼓舞した。曲女城《カニャークブジャ》の戒日王も何度か戦いを挑んだが、打ち負かすことができないほどの強国であった。国の人々は学芸を好み、様々な宗教を信じていた

アジャンター石窟寺院

が、仏教伽藍も百余箇所あった。そこでは五千人ほどの僧徒が大乗・小乗を兼学していた。城の内外には五つのストゥーパがあった。それらはいずれもアショーカ王の建てたものであり、過去四仏が座し散策した場所を記念したものであるという。城の南には観自在菩薩の石像を祀る古い伽藍がある。この国の東の境に幾重にも連なる山があった。険しい崖には渓谷に面して重閣がある。西インドの阿折羅（アーチャーラ）阿羅漢が建てた大寺院である。深い谷に基礎を置いたその寺院は今日のアジャンター石窟寺院であった。精舎の四方には石の壁を彫って仏伝の図が描かれていた。現在このアジャンターには東西五百五十メートルの間に大小二十九の窟院がある。西暦前後からグプタ時代を経てヴァーカータカ王朝までの間に開窟されたものである。窟院内部にストゥーパを安置するものと、精舎として僧侶の居住したものとがある。かつて陳那もこの伽藍にしばしば留まったという。

さらに西北（『西域記』には西）に千余里ほど進みナルマダー河を越えて跋禄羯呫婆（バール・カッチャパ）国に入った。カンベイ湾に注ぐナルマダー河はギリシア人にはナマドスの名で知られていた。ボンベイの北約三百キロほどの、現在のブローチにあたる。ナルマダー河北岸の聖地として古くから信仰を得ていた。塩分を含んだ土地は農業にはむかず、人々は海水を煮沸して塩を取ったりしていた。かれらは学芸を重んじてはいなかったが、三百人ほどの僧徒が十余箇所の伽藍で大乗と伝統的な上座部の教えを修学していた。

殺生をしない人々

ここから更に西北に二千里ほど進むと摩臘婆（マーラヴァ）国である。現在のアーマダバード地方である。或いはバール・カッチャパからは西北ではなく東北方とみてマールワー地方にも比定されている。マーラヴァは古代の十六大国の一つアヴァンティ国の一部分でもある。玄奘三蔵の訪れた頃はこの国の土地は肥え農業では特に麦をよく産した。玄奘三蔵は、五天竺の中では西南に位置するこのマーラヴァ国と東北にある摩掲陀《マガダ》国の二つの国が学問を重んじていると記している。数百箇所（『慈恩伝』には百余所）の伽藍では二万人以上もの僧徒が正量部の教理を習学していた。この国の記録では六十年ほど前に尺羅阿迭多（シーラーディティヤ）という賢王がいた。学識も深く三宝を敬い、生き物を憐れんで殺生をすることがなかった。宮城の近くに立派な精舎を建立し、毎年、無遮大会を設けて四方の僧徒に供養を施していた。この宗教的な行為は習わしとなって玄奘三蔵当時にも続いていた。王の在位五十年の間には国中の人々も殺生をすることがなかったと記している。尺羅阿迭多《シーラーディティヤ》王はダルマーディティヤとも称し、バタールカ王朝の第八代である。王は特に仏教のみを信奉していたわけではなかったが、宗教的な施政は玄奘三蔵が記すに値するものであったのだろう。

ここから西南に進んで湾に向かい、更に西北に二千四、五百里で阿吒釐（アタリ或いはアダル）国に至った。現在その国の位置は明らかではないがカッチ湾の南岸あたりと考えられている。玄奘三蔵がこの地まで実際に来たかどうかは明らかではない。摩臘婆《マーラヴァ》国から西北に三日ほどの距離が契吒（カッチャ）国であった。摩臘婆《マーラヴァ》国に属するこの国では十余箇所の伽藍で、千人ほどの僧徒が大乗・小乗を兼学していた。更に北へ千余里で伐臘毘（ヴァラビ）国である。但しこれは北ではなく南の方角にあたると見る説もある。この国では百余箇所の伽藍で六千人ほどの僧徒が正量部の教えを学んでいた。当時の国王は曲女城《カニヤークブジャ》の戒日王の女婿ドゥルヴァバッダで、彼は摩臘婆《マーラヴァ》国の尸羅阿《シーラーディ》迭多《ティヤ》王の甥にあたっていた。思慮も浅く落ち着きのない人であったが、仏教を篤く信奉していた。毎年七日間の無遮大会を催し、自ら布施をしたものをまた倍の値で買い取って施しをしていた。

ペルシアから再び北インド

阿難陀補羅（アーナンダプラ）国は伐臘毘《ヴァラビ》国から西北にあたり、蘇剌佗（スラッタ）国はヴァラビ国の西に位置する。さらに伐臘毘《ヴァラビ》国の北方は瞿折羅（グッジャラ）国となる。瞿折羅《グッジャラ》国の東南二千四百余里には烏闍衍那（ウッジャイニー、現在のウジャイン）国があった。烏闍衍那《ウッジャイニー》国から東北に千余里には擲枳陀国がある。そこから北（『慈恩伝』は東北）へ九百里ほどが摩醯濕伐羅補羅（マヘーシヴァラプラ）国（中インドの境界）である。玄奘三蔵はここから瞿折羅《グッジャラ》国に帰り、インダス河を越えて信度《シンドウ》国（西インドの境界）に至っている。こうした国々はすべて実際に見分したものか、或いは伝え聞いたものが含まれるのかははっきりしない。それはその後の記録に関してもいえる。『慈恩伝』の記述を見ると、摩醯濕伐羅補羅《マヘーシヴァラプラ》国から信度（シンドゥ）国までの間に五か国（阿點婆翅国・狼掲羅国・波剌斯国・臂多勢羅国・阿蕃茶国）を挙げている。波剌斯（パールサ、ペルシア）国は今日のイランである。当時はササーン朝ペルシア時代であった。『西域記』の本文註には「インドの国ではないが、路の次いでに附見する」として波剌斯国に触れている。波剌斯国では当時、説一切有部の教理が学ばれていた。一方、人々の婚姻が乱れ、屍体は遺棄してしまうことが多いと記している。これはゾロアスター教徒のフワエートワダサ（近親婚）とかれらの葬法をいうのであろう。説一切有部の論書『アビダルマ・ディーパ』にはパーラシーカ（ペルシア人）たちが乱れた男女関係をしていることを非難している言葉がある。『慈恩伝』によれば信度国を過ぎて東（北）方に進み、再びインダス河を渡って東岸の茂羅三部盧（ムラサンブラ或いはモラサンプル）国から北インドの境界となる鉢伐多（パルヴァタ）国に至っている。この国は磔迦（タッカ）国に属し十余箇所の伽藍で千余人の僧徒が大乗・小乗を兼学していた。城の近くにある大きな伽藍では百人ほどの僧侶が大乗を学んでいた。この大伽藍は当時そう荒廃していた。この地はかつてジナプトラ（最勝子）が『瑜伽師地釈論《ゆがしじしやくろん》』を著し、賢愛論師や徳光論師が出家をした場所でもある。玄奘三蔵は、数人の高僧に就いて正量部の論書を学ぶために二か年滞在することになった。

老居士の教え

この後、玄奘三蔵は再びナーランダーに戻っている。すでにナーランダー寺を発ってから四年に及ぶ旅路であった。戒賢法師にも懐かしく面会できた。ナーランダーの西には低羅擇迦（ティラダカ）寺があった。この寺には名高い高僧プラジュニャ＝バドラ（智賢）がいた。彼に就いて玄奘三蔵は二か月ほど学んだ後、旧王舎城に近い杖林に住むジャヤセーナ（勝軍）居士のもとに赴いた。ジャヤセーナ論師は当時百歳を越えていた。西インドの蘇刺佗（スラッタ）国で刹帝利《クシャトリヤ》（武士階級）として生まれ、賢愛論師には因明を、戒賢法師には『瑜伽論』を、また安慧には声明や論書を学んでいる。その他の内外の典籍を残らず究めていた。摩掲陀《マガダ》国の満冑王は彼を国師として迎えるために二十もの大きな邑を封地として与えようとしたが、それを辞してしまった。その後、戒日王も烏荼（ウッダ）国の八十の大きな邑を封地として迎えようとしたが、それも固辞してしまった。「人の禄を受ければ、その人のために心を煩わせなければならない。今なすべきことは生死輪廻に縛られている人々を救うことが急務である。王のために務めを果たす時間はない」というのが彼の答えであった。ジャヤセーナは優婆塞（ウパーサカ）であったと『西域記』巻九には記されている。すなわち出家ではなく在俗のままでいながら、出家も婆羅門も、あるいは国王や大臣、長者や豪族までもが彼のもとへ来集し教えを受けていたのである。玄奘三蔵も彼について二か年の間、論書を学び、それまでの不明な点をただした。

ある夜、玄奘三蔵は夢の中で、荒廃した僧侶の姿も見えないナーランダー寺のありさまをみた。境内の幼日王院の西門を入って四階まで登ると金色に輝く菩薩が立っていた。菩薩は自ら曼殊室利(文殊師利)菩薩であることを告げた。菩薩が指し示した寺の外を見ると火が村邑を包みすべてが灰塵にきそうとしていた。「汝は早くこの国から帰るがよいであろう。十年後には戒日王が崩御し、インドは悪人どもの横行する内乱の巷となるであろう。」こう告げたかと思うと曼殊室利菩薩は姿が見えなくなってしまった。玄奘三蔵はこの夢告をジャヤセーナ居士に話してみた。すると居士は、「仏典にも、三界は安きことなくなお火宅の如しとある。或いはそうしたことが起こらないとも限らない。すでに夢告があった以上は、あなたの思い通りにするがよいであろう」と答えた。この夢告は事実であった。玄奘三蔵が長安に帰った後に、唐使として派遣された王玄策の報告では、永徽の末(実際は貞観の末)に戒日王は崩じ、インドは戦禍の巷と化したのである。この夢告があったのは正月の初めの頃であった。釈尊成道の聖地ブッダガヤーでは丁度、この月に仏舎利を諸国の人々に拝観させていた。ジャヤセーナ居士とともに仏舎利を拝観した玄奘三蔵は、その夜、仏舎利の大きさを話し合っていた。すると突然、部屋の内外が明るくなった。驚いて外に出ると、舎利塔から天に達するほどの五色の光りを発していた。明るさのために星や月も見えない。その上、非常に妙なる香気が漂っていた。この神変に人々も集まって希有な出来事を称歎しつつ、塔の周囲を巡って礼拝をした。やがて光りがおさまると再び夜の闇が訪れ、星や月のまたたきが見えた。

ジャヤセーナ居士と玄奘三蔵は八日間の聖地巡礼を終えてナーランダー寺に戻った。戒賢老僧は玄奘三蔵に『攝大乗論《しょうだいじょうろん》』と『唯識決擇論《ゆいしきけっちゃくろん》』の講義を命じた。玄奘三蔵の名声は高まり、『会宗論《えしゅうろん》』を著すと、なお一層の称賛をえた。ナーランダー寺に滞在中、玄奘三蔵は烏荼《ウツダ》国の小乗教徒との対論のために選出された四名の大徳の一人となった。この対論は曲《カニヤ》女城《ークブジャ》の戒日王の要請をうけたものである。この間にローカーヤタ（順世外道）との対論では玄奘三蔵の学識が如何なく発揮された。敗れた時には自らの首を切って謝罪することになっていた外道は玄奘三蔵に命を助けられた。この外道は東インドのカーマルーパ国に行くと国王に玄奘三蔵の徳を誉め伝えた。鳩摩羅（クマーラ）王は早速使者を出して玄奘三蔵を招請することにした。

帰国の決意

クマーラ王の使者がナーランダーに向かっている時に、一人の尼乾子（ニルグランタ、ジャイナ教徒）が玄奘三蔵の房室にやってきた。ヴァジラというこの苦行者が占いに通じていると聞いて支那（チーナ）への帰国と自らの寿命の長短を尋ねた。すると彼は白い石で地面に図を描いて占い、こう答えた。「師はこの地に留まるのが最も良いとでています。五天竺の人々は道俗ともにあなたを敬うでしょう。しかし帰国されたとしてもそれは同じことです。師の定められた寿命はこの先十年と出ておりますが、福徳の力によってはそれ以上となります。」「帰国をする場合には、これまでに集めた経典や仏像を一体どのようにして携えていったらよいであろうか？」「ご心配はいりません。シーラーディティヤ（戒日）王とクマーラ（鳩摩羅）王の二人が人を遣わして師を送りましょう。必ず無事に帰国ができます。」「二人の王にはこれまでに面識がない。なのにどうしてそのようなことをしてくれるのであろうか？」「鳩摩羅《クマーラ》王はすでに使者を遣わして師を招請しようとしています。二～三日のうちには到着するはずです。鳩摩羅《クマーラ》王にお会いになれば、その後間もなく戒日王ともお会いになるはずです。」苦行者はこう言い終わると立ち去った。

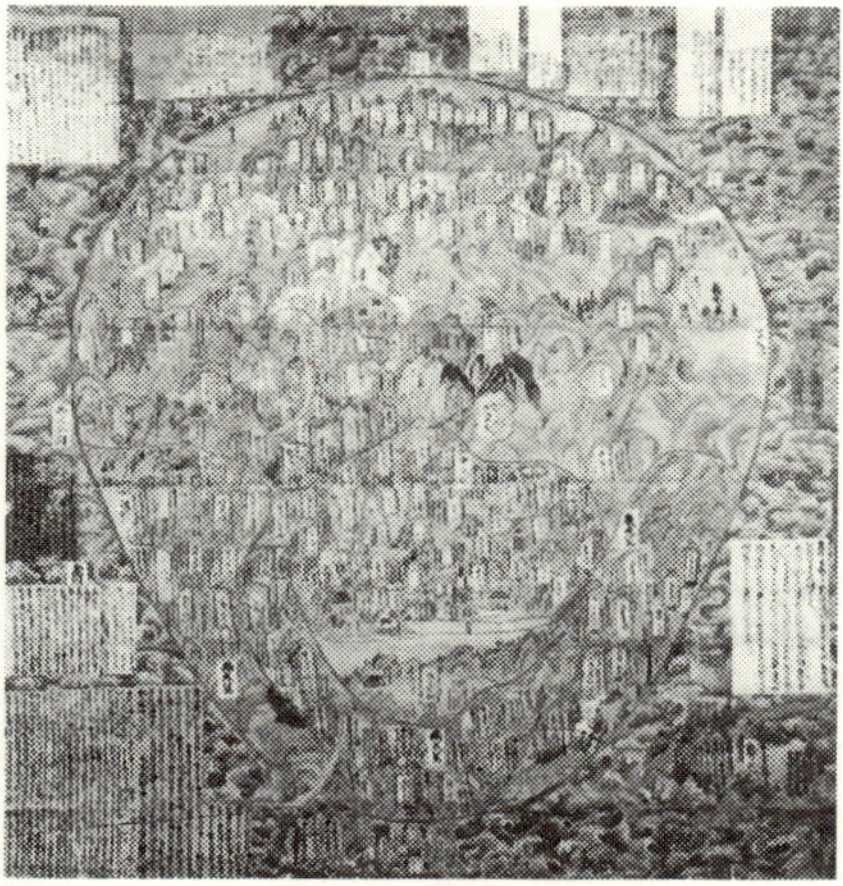

五天竺図　法隆寺蔵

玄奘三蔵の本国へ帰る決心は固まった。これまでの求法の旅で集めた数多くの経典や仏像などの荷造りにとりかかった。ナーランダーの高徳の僧侶たちはこの地に留まることをしきりに勧めた。玄奘三蔵が目的を果たし、この上は帰国をして仏典の翻訳にあたり、有縁の人々を導きたいという気持ちを確かめると、戒賢老師は喜んで旅支度をさせた。カーマルーパ国からの使いがやって来て、玄奘三蔵を招請することを戒賢老師に申し出たのはその二日後であった。その頃はまだ戒日王の要請があり次第、玄奘三蔵は赴いて小乗の論師と対論をすることになっていた。そこで使者には「支那僧は帰国を望んでおりますので、王の命を受けることはできません」と答えた。鳩摩羅王は、「それなら帰国の途中で立ち寄っていただきたい。」と再び使者を出して申し込んだ。この再度の懇請も戒賢老師は断ってしまった。王は大変に怒り、第三の使者をおくって「もし断るのであれば、シャシャーンカ王が仏教を弾圧し、菩提樹を切り倒したように、象軍でナーランダー寺を踏み潰してしまうことになる。」と威しをかけた。もともと善心の薄い鳩摩羅王が何をするかわからないことを憂いて、戒賢老師は玄奘三蔵にカーマルーパ国に赴くことを頼んだ。玄奘三蔵は王の使いとともに出掛けた。王は甚だ喜んで群臣を率いて出迎えた。毎日、鳩摩羅王は礼をつくしてもてなし、自らも仏教の斎戒を受けた。こうしてひと月余りが過ぎた。

戒日王と玄奘三蔵

一方、戒日王は敵国の討伐を終えて引き上げる途中で、玄奘三蔵がカーマルーパ国にいることを聞いた。戒日王はそこで鳩摩羅王に玄奘三蔵を引き渡すよう使いに告げさせた。鳩摩羅王も即座には承諾しなかった。しかし戒日王の力を恐れた鳩摩羅王は、象軍二万、船三万隻を整えて玄奘三蔵を戒日王が行営するガンガー河の南岸まで護衛した。両王の会見が行われ、翌日、戒日王が玄奘三蔵のもとに出向くことになった。その夜、数千の炬火《きょか》が河中に見え、鼓が歩調の如く鳴り響いた。それは戒日王の歩みに合わせた「節歩鼓」の音で、インドでは一人戒日王のみが行う威厳の轟きであった。戒日王は約束よりも早く玄奘三蔵のもとに出向いてきた。鳩摩羅王は群臣とともに戒日王を出迎えた。戒日王は礼をつくして、玄奘三蔵に訪印の目的や支那の王について尋ねた。「あなたのようなお方は、天が遣わしたに違いない」、こう言うと戒日王は明日の再会を約してその夜は帰った。前島氏はこれを貞観一四年、玄奘三蔵が三十九歳の時のこととする。唐の太宗とインドの戒日王とが交流を始めたのはこの出会いがきっかけであった。玄奘三蔵は王の宮に招かれ手厚い持てなしを受けた。兼ねてからナーランダー寺の玄奘三蔵たちと小乗の学者たちとの対論が計画されていたが、この国の居並ぶ小乗の高僧たちで、玄奘三蔵の大乗の説を覆すものはいなかった。それでなくともかれらの上座のデーヴァセーナは玄奘三蔵の来訪を知って、聖地巡礼と称してヴァイシャーリーに逃げてしまっていた。玄奘三蔵が小乗の説を破折し、大乗の宗旨を説いている時に、王の後ろで聴聞していた女性が戒日王の妹ラージャシリーであった。彼女は非常に聡明な女性で、正量部の教理に深く通じていたが、玄奘三蔵を称賛して止むことがなかった。

戒日王の大法会と大施

戒日王は、曲女城《カニャークブジャ》の都で玄奘三蔵のために一大法会を催すことを決心した。五天竺の僧侶や婆羅門、それに外道などを集めて玄奘三蔵と対論させ、かれらが大乗を誹謗《ひぼう》し慢心を懐いているのを砕いてやろうというのがそのねらいであった。その日の内に、王は勅令を出して諸国に告げた。「各派で教義を解するものはすべて曲女城《カニャークブジャ》に集まり、支那国から来た法師の論ずるを観よ。」これは初冬のことであった。玄奘三蔵は王と共にガンガー河を遡って一二月に会場である曲女城に到着した。勅令を知った五天竺の内、十八か国の王も曲女城《カニャークブジャ》に到着した。大乗や小乗に通じた僧侶は三千余人、婆羅門とジャイナ教徒は二千余人、ナーランダー寺の僧徒も千人以上が都に来集した。かれらはいずれも学識と弁才に優れた者たちばかりで、従者を従え、或いは象や輿に乗り、幢や幡《のぼり》をたててやって来た。参列の人々の集まる様子は数十里もの道を塞ぐほどであった。会場には仮の館が二棟建てられた。参加した内外の人々にもてなしや布施がすむと荘厳な儀式が厳粛裏にとりおこなわれた。玄奘三蔵は宝石でできた床に論主として座らされた。十八日の間、大乗の教えを称揚する玄奘三蔵の講説にたいして、論難を挑むものは一人として現れなかった。その間、何事もなかったわけではない。五日を経る頃には小乗や外道の徒が、玄奘三蔵を恨んで暗殺を企てたこともあった。この法会によって数えられぬほどの人々が邪から正へと目覚め、小乗を捨てて大乗についた。戒日王は玄奘三蔵を益々尊崇して金銀や布を施し、十八か国の王たちもそれぞれ珍しい宝物を施した。しかし玄奘三蔵はその一つも納受することはなかった。対論に勝った者は飾りたてた象の背に乗って護衛を配して練り歩くのがこの国の風習であった。玄奘三蔵はこの申し出を辞退したが、王は古来からの法であるとして、玄奘三蔵の身に付けた袈裟を象の背に乗せて民衆にその威徳を知らしめた。大法会に列席した僧徒は玄奘三蔵を「マハーヤーナ・デーヴァ（大乗の神人）」と称し、小乗の徒は「モークシャ・デーヴァ（解説の神人）」と称してその徳を

戒日王（ハルシャ）のサイン　「大王の王、ハルシャ」と刻まれている

讃え礼拝して去った。

戒日王はこの時、プラヤーガにおいて五年に一度の七十五日間に及ぶ無遮大施を行おうとしていた。プラヤーガはガンガー河とヤムナー河との合流点である。古くから霊場として名高い。この地での一銭の布施は余所での百倍にも千倍にも勝ると信じられていた。王は即位以来三十年の間に無遮大施を五度行ったが、ここで玄奘三蔵の臨席を得て六度目の大施を行うことを告げた。四方各々千歩に及ぶ施場には草堂が建てられ、宝庫や料理場もつくられ準備が整った。十八か国の王たちも会場に来集した。戒日王の堂所はガンガー河の北岸に設けられた。鳩摩羅王はヤムナー河の南岸の花林の傍らに、南印度のドゥルヴァバッタ王は河の合する西に堂所を設けた。施しを受ける人々はドゥルヴァバッタ王の西方に集まり、その僧侶の数は五十余万人に達したという。この無遮大施で戒日王は、象馬や兵器のみを残して、自らの身体に付けていた装飾品や衣服はもとより過去五年の間に蓄えた財産の全てを尽くしてしまった。集まった諸王はそれを見て、所有する宝物を人々に与えて戒日王の衣服や装飾品を購い戻して王に献上した。

玄奘三蔵の帰国

玄奘三蔵はこの大施の終わるのを待って戒日王に帰国することを告げた。王は十日ほど更にその帰国を延ばしてもらった。この間、玄奘三蔵にたいして帰国を思い止まらせようとしたが、玄奘三蔵の意志は固かった。「これ以上はあなたのお気持ちに任せましょう。帰路は何れの道をおとりになるのでしょうか。もし南海に向かうのでしたら使いを同行させますが。」玄奘三蔵は帰路の途中、約束をしてある高昌国に立ち寄らねばならないことを話して、これから道を北にとることを伝えた。「道中にはどれほどの資糧が必要でしょうか」「特に必要なものはありません。」玄奘三蔵は戒日王や鳩摩羅王の差し出した金銭や宝物の布施をすべて辞退し、ただこれからの道中に必要な獣毛でできた肩掛けのみを鳩摩羅王から受け取ると別れを告げた。戒日王や鳩摩羅王は大勢の人々とともに数十里見送り、別れに際して涙の止むことがなかった。

玄奘三蔵の持ち帰るべき経典や仏像などは、北印度のウディタ王の護衛軍に付託し馬で運んでもらうことになった。戒日王は玄奘三蔵の旅費にと、大象一頭・金銭三千、銀銭一万を託した。出発をしてから三日ほどがたった。数百の騎馬隊が後を追ってきた。何と戒日王・鳩摩羅王・ドゥルヴァバッタ王などが別れを惜しんで馬を馳せたのである。無事、漢の国境に着くことの出来るようにと、戒日王は四名の特使に紅泥で封印をした素絹（或いは白い綿布）の書状を持たせ同行させた。帰路について年を前島氏は貞観一五年（六四一）の秋とする。

帰　路

シンドゥ河上での出来事

玄奘三蔵は始め西南に道をとりカウシャーンビーに出ると更に西北に進んだ。途中ヴィラシャーナ国ではナーランダー寺院での同学の二人、獅子光・獅子月と再会して二か月あまり留まっている。更に西北にひと月余りの旅でウディタ王の統治するジャーランダラ国に着いた。王はここから護衛として臣下を従えさせた。シンハプラ国で百人ほどの北印度に戻る僧に出会った。かれらも経典や仏像を携えており、玄奘三蔵一行と同行した。シンハプラからタクシャシラーの間では盗賊が出没する。そこで僧を一人先に行かせ、賊に出会った際には予め後続の一行の持ち物が経典や仏像であることを伝えさせるようにした。こうして難を被らずにすんだ。タクシャシラーではカシミール国の王が使いを遣わして再び玄奘三蔵を迎えようとしたが、象を引き連れ荷も重いために立ち寄らないことにした。

シンドゥ河を玄奘三蔵は象に乗り、同行の人々は経典や仏像とともに船に乗って渡ることになった。ところが中ほどまで船が進むと突然風が吹いて波が逆巻き、危うく転覆しそうになった。このために五十夾（貝葉の経典は一経が挟まれて綴じられているので五十部をいう）の経典と珍しい印

インダス川中流の流れ

度の花果の種とが流されてしまった。カーピシー国の王が丁度この時に対岸のウダカカンダ城にいて河の辺まで法師を出迎えた。カーピシー国王は、玄奘三蔵が花果の種を携えていたことを聞いて、印度の花の種を持ち帰ろうとすると昔から必ずシンドゥ河でそのような難に遭うのだということを説明してくれた。玄奘三蔵は王とともに城に行き、五十日余りそこの寺に留まった。その間、ウディヤーナ国に人を遣わして失った経典を補うために仏教部派の一つ飲光部の三蔵を書写させることにした。カシミール国の王は法師が近くに滞在していることを側聞して、自ら玄奘三蔵のもとにやって来て面会をし、暫く滞在の後に自国に戻った。

雪山越えの難所

カーピシー国王も同行して再び旅を続けた。藍波（ラムパカ）国の国境に至ると、大勢の僧俗が幢を上げて玄奘三蔵を出迎えていた。先に太子を遣わして準備をさせたものである。玄奘三蔵はこの地の大乗寺院にとどまった。法師が訪れたことを記念して七十五日間の無遮大施が催された。藍波《ラムパカ》からは南に一度下って伐剌拏（ヴァルヌ）国にある過去四仏の仏跡を訪れた。現在のアフガニスタンのバンヌ付近にあたると見做されている。当時、伐剌拏《ヴァルヌ》国はカピシー国に隷属していた。『西域記』巻

ヒンドゥークシュの山々

第十一の巻末にこの国を触れている。大乗の僧徒が三百人ほどいたが、すでに伽藍の荒廃は著しかった。やがてジャーグダ国（現在のザブリスタン）、ヴリジスターナ国などを経て迦畢試（カーピシー）国に着いた。『西域記』巻第十二は漕矩吒（ジャーグダ）国から始まっている。ヴリジスターナ国から更に東北に道をとりやがて迦畢試《カーピシー》国である。迦畢試《カーピシー》国に着くと王は玄奘三蔵の来訪を歓迎して七日間の大施を催した。大施の後に、ヒンドゥークシュ（雪山）越えのために迦畢試《カーピシー》国王は、一人の大臣と百余人の従者をつけさせて玄奘三蔵を送らせた。一週間ほどで一つの嶺の頂きに着いた。ここからは馬に乗っては進めない。更に七日を費やして次の嶺の麓に至った。百余軒ほどの人家があり、そこでは驢馬ほどの大きさの羊を飼っていた。そこから先は雪渓が多く、山駱駝に乗ったり村人に道案内をしてもらってようやくその難所を越えることができた。迦畢試《カーピシー》国からの護衛はすでに戻り、この時には僧侶七人、雇人などが二十余人、象が一頭、騾馬十頭、馬が四疋のみとなっていた。雪山越えは予想以上に厳しい。雪や寒風がふきすさび真っ直ぐ立って歩むこともできない。嶺の頂きから西北に下って僅かに平らかな場所を見つけるとそこで天幕を張って野宿をした。五、六日ほどをかけて山を下り、アンタラーブ国（現在のカーワク峠の西ドーシー河一帯のアンダラーブ）に着いた。ここからは覩貨羅（トカラ）の故地である。当時は突厥に隷属していた。仏教を信奉する者は少なく、わずか三か所の伽藍で数十人の僧徒が大衆部の教理を学んでいた。ここにもアショーカ王のストゥーパが建っていた。一行はこの地で五日ほど滞在した。更に西北に道をとり、谷や嶺を越えて四百余里ほどで闊悉多（コーシタ）国に着いた。現在のアフガニスタン東北部のコースト河流域にあたる。ここからまた西北に三百余り進むと、活国（現在のクンドゥズ）となる。覩貨羅《トカラ》の東の境界である。ここも突厥に隷属している。この国の王は鉄門以南の小国を管理している。草木や果実の樹木も繁り気候も穏やかなこの国には仏教を信奉するものが多かった。十余箇所の伽藍では大乗や小乗の教義を数百人ほどの僧徒が学んでいた。ここから東に入ると葱嶺（パミール）となる。『西域記』には「多く葱を産するが故に葱嶺と謂い、また山崖が葱翠（青々としている）なるを以て名とす」と記している。醐醍三宝所蔵の古写本（一二一四年）には葱の下に蒜の字を補っている。ここに一行はひと月ほど停まった。葉護可汗《カカン》の後に太守となり自ら葉護（ヤブグー）と名乗っていた王が玄奘三蔵一行に護衛を付けて見送りした。

パミールをめざして

玄奘三蔵はここから鉄門には向かわずに、往路とは別のパミール高原を越えることにした。その国に留まる約束をしていた高昌国王・麹文泰《きくぶんたい》はすでにこの世を去っていた。初め麹文泰は太宗と親交を結んでいたが、やがて西突厥と組んで唐に対立し、ついに貞観一四年に唐の大軍によって高昌国は滅ぼされてしまう。玄奘三蔵一行は隊商の群れと連れ立って東に進んだ。瞢健国（今日のムンガーン）から更に三百余里で呬摩怛羅（ヒーマタラ）国となる。ここも覩貨邏の故地（旧領）である。風俗は突厥と同じであるが、婦人には奇妙な風習があった。彼女たちは頭に三尺以上もある木製の角帽子を被る。その帽子の前部は二岐に分かれていて上の岐は夫の父、下の岐は夫の母を表す。何方かが亡くなると上下どちらかかの岐を取り去る。舅と姑が皆な亡くなるとその帽子を被ることを止める。この国の祖先は釈種であると伝えられていた。当時、この国の人々は天幕の移動生活をしていた。前島氏はかれらが五、六世紀に中央アジアで活躍をした遊牧騎馬民族エフタル族であろうという。

ここから東に二百余里ほどで鉢鐸創那（バダクシャーン）に至った。厳冬のためにひと月ほどの滞在を余儀無くされた。次いで東南に進んで淫薄健（インヴァカン）、更に屈浪拏（クラナ）国へと至った。ここも覩貨邏の旧領である。この国から東北に向かって五百余里ほどで達摩悉鉄帝（ダルマスティティ）国である。今日のワハン地方に当たる。これまでの諸国とは異なって眼の碧緑（ブルー）の人々が多いと『西域記』は記している。山間にあるこの国では小形ではあるが良馬を産していた。この国の都・昏駄多（カンダーダ）には先王の建てた伽藍があった。伽藍の精舎には石の仏像が安置されていた。仏像の上には金銅の円蓋があり、人がその仏像の周囲を回るとそれにつれて円蓋も回る。それは聖人の願力によるものであるという者もあるし、からくりの仕掛けがしてあるという者もいる。玄奘三蔵は堂宇をよく観察してみたが、石の壁は堅固にできているし、とうとう真相は判らずじまいであった。この国の王がそれまでの信仰を捨てて、仏教を信奉するようになったのは数百年の昔のことであるという。ある時、国王の愛子が病におかされた。医者も手の施しようがなく、王は天祠に赴いて救いを求めた。すると祠主は神託によって、王の愛子が必ず治ることを告げた。王は喜び、乗り物を巡らして城に戻る途中で、一人の沙門に出会った。彼は仏教の出家者であった。聖者としての威厳ある姿にうたれた王は、彼に我が子の行く末を訊ねた。すると沙門は王の愛子がもはや命の救いがたいことを告げた。「祠主は死なないと言ったではないか。何方の言葉を信ずればよいのだ。」急いで宮殿に引き返すと、沙門の告げたように愛子はすでに事切れていた。王は我が子の死んだことを隠して祠主に再び訊ねた。「死ぬことはありません。必ず治ります。」この返事を聞いた王は怒り、祠主を縛り上げてしまった。王はこれまで誤った教えを信じていたことを悔い、沙門に仏陀の教えを説くことを哀願した。この国に仏教が広まったのはこの出来事があってからのことであるという。

パミール越え

『西域記』には次いで尺棄尼国（今のシグナーン）・商彌国（現在のマストゥジとチトラルの間）に触れている。玄奘三蔵はここから東北に進んで山や谷を越え波謎羅（パミール）川に至った。葱嶺の雪山の間にあるこの地は春も夏も雪が飛び散り、大地は塩分を含み礫石も多く、人の趾の全く絶った荒涼の地であると『西域記』に記されている。この川の峡谷に東西三百余里、南北五十余里もある大きな龍池（現在のヴィクトリヤ湖）があった。瞻部洲《ジャンブ》では最も高地に位置するというこの龍池は、鏡のような池の水がその深さを表すかのように青黒い色を帯びていた。湖の水は甘美で数多くの水棲動物や水鳥などが生息していた。湖水から西に流れ出る水はオクサス河に合流し、東に流れた水はカシュガルの西でシター河と合流している。パミール峡谷を東に進み、人里のない険しい山道を雪を踏み分けながら行くと、五百余里ほどで朅盤陀国となる。現在のタシュクルガンである。タシュは突厥語では「石」をいい、クルガンは「塔・堡」の意という。十余箇所の伽藍では五百余の僧徒たちが説一切有部の教理を学んでいた。国王は三宝を篤く敬い、学問を好む穏やかな人であった。この国の王族の人々は容貌が中国人とたいへん似ていた。衣服は胡人のそれであったが頭には方冠をかぶっている。この国の建国伝説によれば、昔、波利刺斯（ペルシア）の王が妻を漢土から娶り、この地まで迎えにやってきていた。この時に兵乱がおこり、王女は警護のものに守られて孤峰に匿われた。やがて乱が静まるころになると彼女は妊娠していた。使臣は驚き、主犯を探したが判明しない。すると彼女に従っていた侍童が、王女は日輪の神と会っていたことを告げた。使臣たちは国に連れ帰ることもできず、岩山に宮殿を造って彼女を王にたてた。やがて見目麗しい男子が生まれた。この子が王位につくと彼の威徳は遙か彼方まで聞えた。この王は亡くなるとその屍は城の東南百里ほどの石窟に葬られた。遺体は乾いて、痩せた人が眠っているように元の姿を留めていたという。時折衣服も取り替えられ香華も具えられていた。そこでこの国の王は至那提婆瞿怛羅（チーナ・デーヴァゴートラ）すなわち中国の天種（神の種姓）と自ら称していた。先代の王がタクシャシラーから有名な論師・童受（クマーララータ或いはクマーララブダ）をこの国に迎え、故宮には論師の伽藍が建っていた。童受論師はその当時、東の馬鳴、南の提婆、西の龍猛とともに四つの日輪と並び称せられていた。二〇世紀の初頭、ドイツのルコックによって新彊のクチャ（庫車・屈支）から『大荘厳経論《だいしょうごんきょうろん》』のサンスクリット写本の断簡が発見された。それまではこの論の作者は馬鳴とみなされていたが、これによって童受の作であることが判った。玄奘三蔵一行はここで二十日ほど滞在した。城の東南に大きな石室があった。二つある石室にはそれぞれ一人ずつの阿羅漢が滅尽定に入ったままの姿で座していた。七百余年も経たその身体は朽ちることなく、なお不思議なことに髭や髪が伸び続けるという。そこで毎年、僧侶たちが髪を剃り衣も取り替えるという。この記述は『西域記』にも『慈恩伝』にも記されている。

カシュガルから
コータンへ

ここから更に東北に五日ほど進んだ。突然、一行は盗賊に襲われた。商人たちはどうにか山に逃れたが、この地まで連れ添った象はこの騒ぎでとうとう水に溺れ死んでしまった。やがて盗賊たちも去り、再び商人たちと連れだって険しい葱嶺の東の峰を下っていった。風や雪が吹きすさぶ中を八百余里ほどで烏鎩国に至った。烏鎩国がどこに当たるかは諸説がある。A・スタインは現在の新彊省のヤンギ・ヒサールの付近とみている。国の都城は南を徒多（ヤルカンド）河に臨んでいる。ヤルカンドという名はヤルは崖の意で、カンドは城市を意味する。これまでの諸国に比して気候は温和で土地も肥え、樹木もよく繁茂していた。仏教の伽藍も十余箇所あって千人足らずの僧徒が有部の教理を学んでいた。当時はこの国の王統も絶え、朅盤陀国に隷属していた。ここから北に進み五百余里で佉沙（カーシャ）国となる。現在のカシュガルにあたる。『西域記』にはこの国の習俗として興味深いものを伝えている。それは子供が生まれるとその子の頭を押さえつけて偏平にしてしまうという。これと同じ風俗は屈支（クチャ）国でも見られた〈『西域記』巻第一〉。数百箇所の伽藍では一万余の僧徒が有部を学んでいた。かれらの中には有部の三蔵を暗誦しているものが多いと玄奘三蔵は記している。

佉沙《カーシャ》国から東南に道をとり、途中ヤルカンド河を肥えると斫句迦国である。現在の新彊省葉城県のカルガリク付近にあたる。人々は三宝を信じ、福利〈福徳や利益〉を為すことを好み楽しんでいた。但しかれらの間では嘘や偽りがおおく、それに盗みを公然と行っているとも玄奘三蔵は記している。この国の数十箇所の伽藍では百余名の僧徒が大乗を学んでいた。この国には大乗経典が数多く伝わっており、「而して此の国の中には大乗経典の部数は尤も多し、仏法の至る処で斯れより盛んは莫し」と記している。

ここから更に嶺や谷を越えて八百余里ほどで瞿薩旦那（クスタナ）国となる。現在のコータンである。瞿薩旦那は「唐に地乳という」と『慈恩伝』に注記されており、季博士はそれはこれまであてられていた「クスタナ」ではなく、「ゴースタナ」の音写とみる説を採っている。サンスクリット語でゴーは「牝牛・大地」の意があり、スタナは「乳」をいう。タクラマカン砂漠の南道に沿ったこの国は土壌は狭いが穀物や果実を多く産した。人々の性情も温和で学芸を好んでいた。国柄として音楽や歌舞を愛好し、概ね生活も豊かであった。文字や文法はインドのものに多少手を加えたものを使用していた。百余箇所の伽藍では五千人ほどの僧徒が大乗の教えを習学していた。この国の王は武勇で聞こえ、自ら毘沙門天《びしゃもんてん》の末裔であると称していた。建国伝説によれば、この地を統一した王は年老いても子宝に恵まれなかった。そこで王が毘沙門天に祈願すると神像の額が割れて男子の嬰児が現れた。国をあげて世継ぎの出現を喜んだ。ところがこの赤子は乳を与えても一向に飲もうとしない。そこで再び神の祠に詣でて子供の養育の祈願をした。すると突然、祠の前の大地が隆起して乳房の形となった。神童はその乳房をくわえ飲んで立派に成長し、やがて王位を継ぎ威厳と徳の具わった立派な国王となった。そこでこの国の王は毘沙門天の子孫と称し、国を瞿薩旦那《クスタナ》（地の乳）と名付けたというのである。

コータン王の歓迎

玄奘三蔵はコータンとの境にある勃伽夷（ポーガイあるいはバーギヤ）城に七日ほど滞在した。現在のピアールマ付近とされる。この城には七尺以上の坐仏が安置されており、その由来をたずねるともともとカシミールにあったものであるとのことであった。近くに鼠のつくったという塚があった。伝説によれば、その昔、匈奴がこの国を攻めたときに砂漠の鼠たちが加勢をして匈奴の鞍や弓の弦などを嚙み切ってくれたという。

来訪を知ったコータン（于闐）国王は、この地まで王子とともに玄奘三蔵を出迎えた。王城の周囲にも幾つかの由緒ある伽藍が建っていた。東南に五～七里ほどにある麻射（マザ）伽藍は先王の妃が、この国に初めて桑や蚕をもたらした記念に建立したものであった。スタインは現在のクムイシャイダーンはこれを比定している。『于闐国史』にはヴィジャヤ＝ジャヤ王が中国から王妃プネーシヴァル（プンヤ＝イーシヴァラ）を娶った際に、密かに蚕をもってこさせたと伝える。『西域記』にはこの伝説を詳しく記している。王妃は蚕が蛾となって飛び去った後に繭を処理するようにと殺傷を禁じて石に刻ませた。玄奘三蔵はその当時もこの国ではその禁制が守られていたと記している。

于闐国王が玄奘三蔵にこの地での暫くの逗留を望んでいたこともあって、先に大河を渡る際に失った経本を再び入手するために屈支（クチャ）と疏勒（カシュガル）に人を遣わした。同時に本国への帰還に際しては、密出国のこともあり唐の天子の許しを得なければならなかった。そこで高昌国の若者・馬玄智に上表を持たせて隊商とともに先に長安に赴かせることにした。上表には、身命を顧みず天竺に訪学を目指した動機や、諸国を周遊していまは帰還の途にあることを述べた。

玄奘三蔵は馬玄智の戻る間に『瑜伽論』『倶舎論』『攝大乗論』などの論書を大勢の僧侶たちのために講説した。国王はじめ僧俗たちは玄奘三蔵に帰依し、日に千人以上もの人々が講義を聴受した。七、八か月がまたたくまに過ぎた。やがて使いの若者が帰ってきた。「師が真の道を西域にたずね、いま帰還の途にあることを知り、心から喜んでいる。速やかに帰り来って朕と相いまみえるがよい。梵語や経に精通した異国の僧侶があれば任意に連れ来るがよい。朕は国々に勅令を下し、師のために人力や乗り物に不自由のないように命じてある。敦煌の役人を流沙まで師を迎えに行かせ、鄯善《ぜんぜん》（ミーラン）の役人を沮沫まで出迎えさせよう。」太宗の恩勅を得た玄奘三蔵は、于闐王から充分な資餞を受けて出発をした。

『西域記』見聞のおわり

コータンを発して三百余里で媲摩（ビーマー）城に着いた。ここには霊験あらたかな二丈ほどの栴檀があった。コーシャンビーのウダヤナ王が作ったと伝えられるこの仏像は、仏陀の滅後に空を飛んでこの国の北方の城中に降りたという。その後、見慣れない阿羅漢がこの像を礼拝していた。邪見の法を信奉していたこの国の人々は彼の異様な服装を怪しみ王に伝えた。王は命じて彼の身体を砂に埋め、食料も絶たせてしまった。当時、この仏像を恭敬尊礼していた慈悲深い人がいて、この阿羅漢に密かに食べ物を運んだ。立ち去ろうとする人に阿羅漢は、次のように告げた。「七日の後に、砂の雨が降り、この城を埋め尽くすでしょう。私に砂をかけた者どもは禍を受けることになるはずです。あなたは速やかにこの地を出なさい。」こう言うと、婆羅門は姿を消してしまった。この人は城に入ると親戚や知人にこの話を告げた。しかし話を聞いた人々は笑うばかりで信じようとしなかった。やがて予言どおりに二日を過ぎる頃になると大風が吹き荒れ、七日目の夜になる頃には城中は砂で埋まってしまった。孔を掘って難を逃れた人は、媲《ビー》摩《マー》城に至ると、不思議なことに先の仏像も遣って来て、この地にとどまったという。人々は病の平癒を祈る時に、仏像の該当の部分に金箔をはると病が回復するという。こうした伝説は中央アジアの砂漠の一都市が砂に埋もれた歴史を伝えているのであろう。

媲摩《ビーマー》城から東に砂漠を進み二百余里ほどで尼壌（ニヤ）城に至った。周囲三、四里ほどの大きな沼沢地にある。瞿薩旦那《クスタナ》の東の境界である。ここから東は大流砂となる。風の動とともに砂が流れ、乾燥した砂地には草もない。砂漠を越える人々は人や獣の遺骸を道標として進む。ここから四百余里で覩貨邏《トカラ》の旧領に至った。さらに東に六百里ほどで折摩駄那（チャルマダナ）の旧領、沮沫国である。ここから東北に千余里でロプノール湖に近い楼蘭となる。『大唐西域記』はここで前後十七年に及んだ長路の見聞の記録を閉じる。

帰朝

楼蘭まで付き従ってきた于闐の役人たちに別れを告げ、やがて玄奘三蔵は敦煌に達した。ここで再び皇帝に上表を出した。太宗は高麗遠征のために洛陽の宮にあった。帝は西宮の留守・房玄齢に命じて役人を差し向けることになった。太宗が出兵した後に到着したのでは密出国の罪に問われることも考えなければならない。そこで玄奘三蔵は歩みを早めて漕上に至った。貞観一九（六四五）年正月五日（『続高僧伝』には二十四日）、房玄齢一行はここで玄奘三蔵の帰朝を迎えた。朱雀街の都亭驛に宿が手配され、西域からもたらされた貴重な数多くの将来品が初めて陳列された。主な品々は次のようなものである。

西域からもたらされたもの

〔仏舎利〕　如来の肉舎利百五十粒

〔仏　像〕　マガダ国前正覚山の龍窟留影の金の仏像一体（光座からの高さ三尺三寸）・梅檀でできた鹿野苑における初転法輪像一体（光座からの高さ三尺五寸）・憍賞彌（カウシャンビー）国のウダヤナ王が如来を思慕して刻ませた梅檀の仏像一体（光座からの高さ二尺九寸）・劫比多（カピタ）国で如来が天宮から宝の階段を降りる姿の銀の仏像一体（光座からの高さ四

尺）・摩掲陀（マガダ）国霊鷲山において『法華経』等の説法をしている金の仏像一体（光座からの高さ三尺五寸）・那掲羅曷（ナガラーハナ）国で毒龍を教化した時に留めた影像の仏像一体（栴檀・光座からの高さ一尺五寸）・吠舎釐（ヴァイシャーリー）国の巡城教化の栴檀の像。

〔経　論〕　大乗経典二百二十四部・大乗論書百九十二部・上座部の三蔵十五部・大衆部の三蔵十五部・三彌底部（サンミティーヤ）の三蔵十五部・彌沙塞（マヒーシャーサカ）の三蔵二十二部・迦葉臂耶（カーシャピーヤ）の三蔵十七部・法密部（ダルマグプタ）の三蔵四十二部・説一切有部（サルヴァースティヴァーダー）の三蔵六十七部・因明論三十六部・聲論十三部。

その数凡そ五百二十夾、六百五十七部に及び、これらを運ぶ馬は二十疋を要した。この月の二十四日、玄奘三蔵は洛陽に赴き、翌月一日に皇帝に謁した。玄奘三蔵はすでに四十三歳になっていた。

「師がここを去る時、何故に知らせずにいたのか。」

「玄奘は、再三、上表をお出ししましたが、誠願が微かなためにご許可いただけませんでした。しかし真理

太　宗

の道を慕う思いは止みがたく、密かに出国したのです。国禁を犯しての出国、その罪を深く慙愧《ざんき》しております。」「師は出家の身、在俗の者とは遙かに隔たっている。衆生利益のために命を捨てて法を求めてくださった。朕は非常にめでたく感じている。決して愧ることはない。」

玄奘三蔵は見聞した西域の様子を皇帝に語った。「遙か彼方の仏陀の国を訪れ、このように霊跡を親しく観察したということは前例がない。見聞を著して人々に示されてはいかがであろうか。」名高い『大唐西域記』が後世に残されることになるのはこの為であった。太宗は玄奘三蔵を見込んで、還俗をして政務に力になってほしいと願った。玄奘三蔵は「この身体がおわるまで、道を行じて国恩に報いたい」と、その誘いを丁重に断った。すると皇帝は高麗への東征に玄奘三蔵と同行し諸事情を観察したいと述べた。「玄奘は、遠来の旅をつづけ、身体に疾疹がございます。恐らく駕籠にお共することはできないと存じます。」見過ごされがちであるが、この玄奘三蔵の述懐にはこれまでの西域求法の厳しい旅がすべて物語られている。筆者も前後二か年のインド留学では色々な病気におそわれた。異国で多年暮らし、疾疹に悩む気持ちは僅かでも理解できる。

経本の翻訳

「玄奘が、西域から将来した梵本は六百余部ございます。崇山の南、少室山の北にある少林寺は、清らかでのどかな処です。かつて菩提流支（ボーディ・ルチ）三蔵もそこで経典を翻訳したことがございます。望むらくはこの国のために何卒、かの地で翻訳に従事させていただけますことを、伏してお願いいたします。」「山に住むことはない。師が西域に旅立った後、朕は我が母のために西京に弘福寺を造った。寺には禅院もあり、甚だ閑静な場所である。そこで翻訳するがよい。」

三月になって玄奘三蔵は洛陽から長安に帰った。弘福寺に居を定めると、早速翻訳の準備にとりかかった。経論の翻訳にはそのために訳語の適正をあかす證義、訳文を整える綴文、訳文を書きとどめる筆受、それを清書する書手などが必要となる。玄奘三蔵は皇帝から命ぜられていた玄齢にその手配を依頼した。玄齢は早速、東征のために定州（河北省）にあった太宗に使いを遣ってその旨を伝え、命を受けるとともに必要な役配の手配をした。六月には各地からそれぞれの任にあたる名高い大徳たちが集められた。證義には弘福寺の沙門霊潤、法海寺の沙門神昉など十二名。綴文には普光寺の沙門栖玄など九名。この九名の中には『西域記』の編纂にも携わった會昌寺の沙門辯機や南山律宗の祖・終南山豊徳寺の沙門道宣、『慈恩伝』の著者でもある昭仁寺の沙門慧立たちがいた。更に字学の大徳として大總持寺の沙門玄應と證梵語梵文の大徳一人が加わった。玄應は『一切経音義』二十五巻を著している。その他の筆受・書手などの役配も整い、ここに翻訳が開始された。

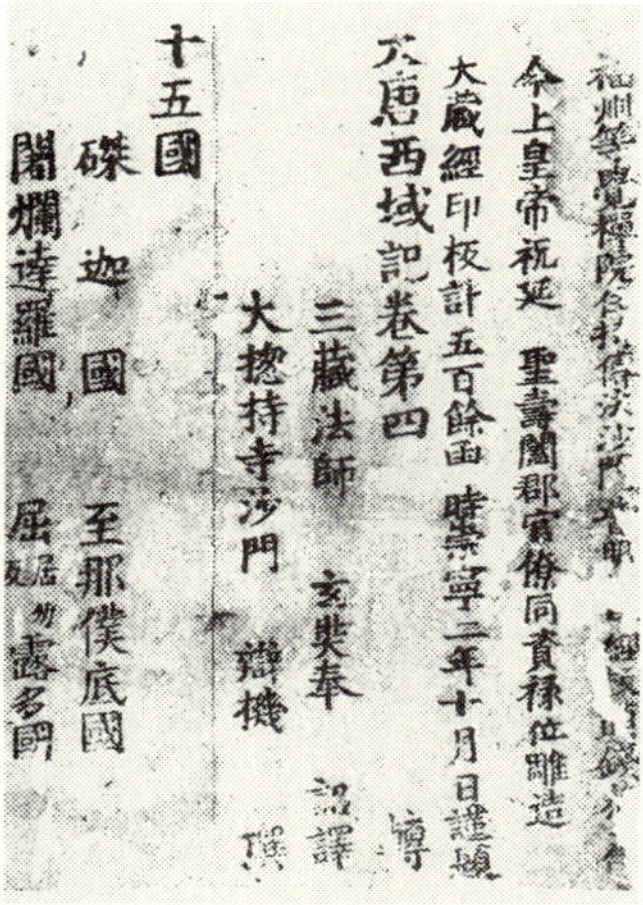
福州等覺禪院住持沙門
今上皇帝祝延　聖壽闍郡官僚同資祿位雕造
大藏經印板計五百餘函　時崇寧二年十月日謹題
大唐西域記巻第四
三藏法師　玄奘奉　詔譯
大揔持寺沙門　辯機　撰
十五國
磔迦國　至那僕底國
闍爛達羅國　屈露多國

『大唐西域記』

玄奘三蔵が翻訳に初めて手がけたのは『菩薩蔵経』他の経論四部である。続いて貞観二〇年の初めには『大乗阿毘達磨雑集論』十六巻、さらに『瑜伽師地論』一百巻の訳出に取り掛かった。玄奘三蔵が青年の時代から深い関心をよせていた『瑜伽論』は二か年の歳月を要し、貞観二二年の五月に訳出を終えた。『大唐西域記』十二巻はそれに先んじる同二〇年七月一三日に完成している。玄奘三蔵は太宗に御製の経序を願い出た。「奘は、貞観元年をもって西域に遊び、如来の秘蔵を求め、釈迦の遺志をたずね、総じて六百五十七部をえ、白馬に載せ、貞観一八年をもって京邑にかえりました。弘福道場における翻訳の許可をいただき、いま『菩薩蔵経』などの経を訳出いたしました。伏して願わくば、あわれみを垂れて経序をたまわりますよう。また『西域記』一部十二巻をつくりましたので、謹んで舎人・李敬一に恭しく進呈させます。」

こうして皇帝による『大唐三蔵聖教序』が製された。「…西宇を周遊すること十有七年、道邦を窮歴して正教を詢求す………、経たるところの国より總じて三蔵の要文およそ六百五十七部をひきい、中夏に訳布して勝業を宣揚し、慈雲を四極に引き、法雨を東垂に注ぐ……。」現在の西安・慈恩寺の大雁塔南門には褚遂良《ちょすいりょう》の筆になるこの有名な序およそ七百八十一字の碑が嵌《は》められている。慈恩寺は時の皇太子・治（後の高宗）によって建立されたものである。また四世紀の東晋の書家、王羲之の書を集めて作られたものが西安の碑林におさめられている。余談となるが、この碑林に『論語』もおさめられている。筆者の姓はこの『論語』からのものであるということは聞いていたが、たまたま数年前に三度めの訪問をしたときに「益者三友」というゆかりの部分を碑文に観て深い感動をおぼえたことがあった。

大慈恩寺の大雁塔

慈恩寺と大雁塔

玄奘三蔵は貞観二二年十月に帝に従って長安に帰った。宮殿内に新たに弘法院が建立された。昼は帝と談説し、夜になると院に戻って訳経に励んだ。『攝大乗論』十巻などはこの弘法院で訳出されている。この年の十二月、皇太子は慈恩寺に翻経院を造り、法師を上座として迎えた。玄奘三蔵は久しく悩まされている疾疹を理由に一度は断ったが、その命に従うこととなった。弘福寺からの入寺の行列は文武百官を侍衛し、幢や宝車を連ねた眩《まばゆ》いばかりのものであった。貞観二三年四月、太宗は離宮の翠微宮に行幸された。この時、帝は身体の違和を感じていた。玄奘三蔵は皇太子とともに帝に従った。五月になって、帝は微かな頭痛を訴え、法師を宮内に留めた。太宗の崩御はその翌日であった。突然の崩御は秘されたまま遺骸は長安の宮城に戻った。先帝の喪が発せられ、皇太子が即位すると、元号は永徽と改められた。

慈恩院に戻った玄奘三蔵は寸暇を惜しんで経論の翻訳に

はげんだ。日課を定め、もし昼間に他の仕事で果たせない時には夜を徹して翻訳が続けられた。深夜三更（一時）に眠りに就き、早朝五更（五時）に起床をすると、その日の翻訳部分の梵本を読誦して朱を入れ訳経に備えた。毎日夕刻には経論の講義を行い、諸州から集まった学僧たちの質疑に応じた。百余名の弟子たちは法師の教誡を求めて寺内の廊下に溢れた。永徽二（六五一）年正月、河北省の諸州の刺史（長官）たちに対して玄奘三蔵は菩薩戒を授けている。この年にアラビアからのカリフの使者が中国にイスラーム教を伝えた。同三年、玄奘三蔵はすでに五十歳となった。法師は将来した梵本や仏像の散失を防ぎ、また火難から守る目的もあってそれらを安置するための塔の建立を願い出た。初めは三十丈（三百尺）もの高さの石塔が計画されていたが、結局それは広大すぎるために退けられ、塔の高さ百八十尺、塔の基は各百四十尺の甎塔が慈恩寺の西院の近くに建立された。五級（層）の各層には中心部に仏舎利が納められた。「上層は石を以て室と為す」と『慈恩伝』に記されている。これが『聖教序』の碑が嵌《は》められている大雁塔である。その後、幾度かの改築・重複を経て今日に至っている。

ナーランダーの人々

永徽三年五月、中インドのマハーボーディ寺院にいるジュニャーナ＝プラバ（智光）とプラジュニャー＝デーヴァ（慧天）の二人から手紙と綿布の贈り物が届いた。智光はナーランダー寺のシーラ＝バドラ（戒賢）の門人の中での上首である。マハー・ボーディ寺の法長がこの手紙も携えてきた。ナーランダー留学時における玄奘三蔵のインド名はモークシャ＝デーヴァといった。手紙は、この名に因み玄奘三蔵をモークシャ＝アーチャーリヤ（木叉阿遮利耶・解脱師）と尊敬をこめて呼び、「必要な経論の名を手紙に届けた法長に知らせてくれれば、書写をして送り届ける」という喜ばしいものであった。

永徽四（六五二）年、この年わが国の道昭が玄奘三蔵に謁している。わが国の白雉四年のことである。二十五歳の道昭は遣唐使とともに入唐した。慈恩寺において師弟の礼をとった道昭は玄奘三蔵に愛敬されて指導を受けた。法相の教義を学び、八年間の留学を終えて帰国の際に、玄奘三蔵は彼に仏舎利や経典を手向けた。

玄奘三蔵は永徽五（六五三）年の春二月、インドに帰国する法長に手紙を託した。唐朝が派遣した使節が先年帰国し、ナーランダー寺院における師・戒賢の逝去をすでに知らせていた。法師は智光に哀悼の気持ちをこめて手紙を書いた。そして、自らの翻訳の進み具合を述べるとともに、インダス河で流失してしまった経典の目録を記して好意に甘んじることにした。また慧天にたいしては贈られた品々の礼とともに同じく流失した経典のことを頼んだ。

中国皇帝と玄奘

永徽六年、玄奘三蔵は『因明正理門論本』一巻を訳出し終えた。この論書は先に弘法寺において翻訳した『因明入正理論』とともに、玄奘門下による数多くの注釈書を生み、中国における仏教論理学を発展させることになった。すでに法師の五十四歳のことである。翌年、元号は顕慶に改まった。高宗の長子・忠は永徽三年に皇太子に立てられたが、彼は後宮の生んだ子供であった。王皇后には子供がなかった。やがて後の則天武后でもある武昭儀が永徽六年に皇后となると、自らの子・弘を皇太子にするために忠は梁州に遣られ、高宗の第五子であるわずか三歳の弘が皇太子となった。忠は高宗の麟徳元（六六四）年に二十一歳で死を賜るが、麟徳元年は玄奘三蔵の遷化の年でもある。

元号が顕慶と改まったこの年の正月、大慈恩寺において新しい皇太子のために五千僧齋が催され、列座の人々にはそれぞれ織物三段が施された。この年の三月、御製の大慈恩寺の碑文が作られ、玄奘三蔵のもとに送られた。法師は多年に渡る求法の旅で身体を弱め、特に厳しい雪山越えなどからこの数年来、冷病に苦しんでいた。五月になると暑熱を逃れるために涼を求め、そのためにかえって病を重くしてしまった。皇帝は法師が重病に陥ったことを知ると侍医をつかわし、専ら看病にあたらせた。昼夜を分かたず針薬を用いた看病が続き、ようやく五日目になって危機を脱した。皇帝は玄奘三蔵の病が癒えたことを知り、皇帝は使いを遣わした。皇帝は宮中の凝陰殿の西の閣に法師を招き、ここで翻訳をしてもらうことにした。

十月、中宮（武皇后）は出産が近づくと法師に仏教徒としての三宝帰依を願った。「必ずや苦もなく安らかな出産となりましょう。しかも生まれる御子は男子です。願わくば、王子が出家されることをお許しくださいますよう。」と玄奘三蔵はそれに応えた。皇后は喜び法師にたいして納袈裟などを供養している。十一月五日、一羽の赤い雀が飛来して御帳にとまった。法師はこれを観て吉兆とし、早速、喜慶の意を述べた。まもなく勅使が喜びにあふれた皇帝からの王子出産の報を伝えた。高宗の第七子となるこの王子は仏光王と名付けられた。仏光王は兄の弘が二十三歳の若さで亡くなった後に皇太子となる哲（後の中宗、六五六〜七一〇）である。

則天武后

顕慶二（六五七）年二月、皇帝が洛陽に赴くと玄奘三蔵は数人の翻経僧たちとともに付き従った。この年の五月、洛陽の積翠宮で法師は翻訳に勤しんだ。顕慶年間になって、玄奘三蔵は『発智論』二十巻、『大毘婆沙論』二百巻の翻訳に取り掛かっている。洛陽からは玄奘三蔵の故郷・河南省陳留県は近い。法師は生まれ故郷に帰り、親戚故旧を訪ねてみた。すでにかれらのほとんどは亡くなっていたが、ただ張氏に嫁した一人の老いた姉だけが瀛州（河北省河間県）で健在であった。姉弟は涙を流して何十年振りかの再会を喜んだ。父母の墳墓も今は訪ねる者はなく荒れ果てていた。身命を顧みずに求法の旅に発ち、今こうして故郷で父母の墓前に立つと、景勝の地に改葬をしてやりたいという思いに駆られた。皇帝にその許しを請うと、「法師の営葬のための諸費用はすべて公費にてまかなうように」との勅命がおりた。この改葬には洛陽の一万もの人々が参列をしたという。

この年の九月二十日、玄奘三蔵は少室山少林寺に隠棲をして翻訳に従事したい旨を願いでた。六十歳に近づき身体の衰弱は著しかった。将来した梵本のうち六百余巻を訳し終わった今、僧侶にとっては車の両輪の如き「禅定」と「智慧」の内の特に「禅定」に専念したいという願いであった。少室山はかつて玄奘三蔵が洛陽で太宗に謁した際に願いでた処でもある。しかしまたもこの願いは退けられた。積翠宮での翻訳が続けられたその冬の十一月、またも玄奘三蔵は病におかされたが、幸いにこの時はことなきを得た。この年の十二月に洛陽宮は東都に改められた。

「大般若経」の翻訳

顕慶三（六五八）年正月、皇帝に従って玄奘三蔵も東都から長安に戻った。この年の七月に、西明寺に入った。西明寺は、高宗が皇太子のためにインドの祇園精舎を模して建立したものである。玄奘三蔵は道宣・神泰・懐素など高徳五十人の監主として迎えられた。同四年十月、玄奘三蔵は大徳や門弟たちと玉華寺に移った。ここはかつて太宗の離宮であった処である。粛誠院に留まると、翌五（六六〇）年の正月を期して二十万頌におよぶ『大般若経』の翻訳に取り掛かった。この大乗経典は王舎城の霊鷲山・祇園精舎・他化自在天宮《たけじざいてんぐう》・竹林精舎の四か所で仏陀のおこなった十六会の説法を集めたものとされている。すでに般若経はこれまでにも漢訳がなされてきた。羅什三蔵の手になるものも数種ある。玄奘三蔵はこの経典の梵本を三種持ち帰っていた。大部の経典はこれまでにもしばしば抄訳されることがあり、門弟たちは法師に抄訳を勧めた。しかし玄奘三蔵は諸本を対校して慎重に原文を定めると仏菩薩の冥加を感じつつ翻訳を続けた。「玄奘は今年六十有三歳となった。この寺の伽藍で命を終えることになるはずである。ただこの大部の経典を訳し終えるかどうかが気掛かりだ。皆も努力して労苦を厭わずに勤めてくれるように。」六百巻に及ぶ『大般若波羅蜜多経』が訳出されたのは龍朔三（六六三）年十月末のことであった。「この経典は漢地において特に縁の深いものだ。玄奘が翻訳のためにこの玉華寺に来ることができたのもこの経典の力のなせるものである。訳出を為し終えたのは諸仏・龍神の擁祐であり、これは鎮国の経典、人間や神々の世界における大宝とも申せよう。」翻訳を喜び合掌する衆徒にたいしてこう玄奘三蔵は応えた。

『大般若経』の翻訳を終えたことを翌十一月、高弟の窺基を遣して上表した。御製の経序を請うと、十二月七日に勅使がその許しを伝えにきた。六百巻に及ぶ大部の経典の翻訳は玄奘三蔵の心身を極度に衰弱させた。「今や『般若経』の翻訳も終え、わが生涯もまた尽きた。無常の後は、葬儀は倹約して費用をはぶき（倹省）、草の筵につつんで葬送してほしい。山澗《さんかん》渓谷の僻地をえらんで埋葬し、決して宮寺の近くに葬ってくれぬよう。不浄な身は遠くに隔てなければならない。」「和上、気力もございますし、尊顔もこれまでと変わりませんのに何故そのようなことを仰るのですか。」

「このことはわれ自らが一番よく知っている。」玄奘三蔵の言葉に門弟たちは涙を拭った。

翻訳の途絶と入寂の予感

翌、麟徳元（六六四）年正月一日、翻経にたずさわる大徳や玉華寺の衆徒たちは新たに『大宝積経』の翻訳を玄奘三蔵に懇請した。おそらく法師を励ます目的もあったのであろう。玄奘三蔵は人々の仰ぐ様子に動かされて数行を訳したが、死期のすでに至ったことを知って梵本をおさめた。そして高宗が発願して造像させた倶胝（コーティ・『慈恩伝』巻十には「百萬を一倶胝となす」とある）の仏像に別れを告げるために門人たちとともに蘭芝谷におもむいた。礼拝をすませて寺に戻ると、専ら行道を行い、遂に帰朝以来休むことなく続けられた翻訳を絶ってしまった。八日になって高昌国からきた門下生の玄覚が、大きな仏塔が崩れ落ちる夢をみたことを法師に告げた。玄奘三蔵はその不吉な夢が自らの入寂を暗示しているものであることを彼に語った。翌日、房室の後ろで溝を越えようとして倒れ脛《すね》を擦《す》り剝《む》いてしまった。これがもとで十三日には床に就いてしまった。三日ほど昏々と眠り、十六日になって、夢から覚めると、「眼前に白蓮華が見える。何と大きな美しい蓮華であろう」と呟《つぶや》いた。翌日もまた夢をみた。錦の衣を着た幾千もの立派な姿の人々が手に手に花や宝を持って法師の臥する房室や翻経院の内外に集まり、音楽も奏でられている。門外の数えることもできないほどの輿には、この世のものとは思えぬ芳しい料理や菓子がもられ、法師に食事の供養を申し出ている。「このような珍味は、神通力を得たもののみが食せられるもので、玄奘はまだその位に達してはおりません。」辞退をするがかれらはなおも供養をすすめて止まない。

看病の侍者の咳払いに玄奘三蔵は目覚めた。「玄奘がこの一生に修した福慧は決して虚《むなし》いものではないことがわかった。仏教の因果の法もまことに同様である。」寺主の慧徳に夢の内容を告げてこう述べると、嘉尚に命じて、翻訳したすべての経論の目録を作らせた。総じて七十四部、一千三百三十五巻に達していた。二十三日には斎を設けて人々に施している。「玄奘のこの毒身は深く厭うべきである。すべてこと畢《おわ》り、余命もない。願わくばわが修する福慧を有情に施し、諸々の有情とともに同じくトゥシタ（兜率）天にましますみ弥勒菩薩の眷族《けんぞく》として生まれ変わり、慈尊（弥勒）に奉事することができますことを。そして弥勒菩薩がこの世界に下生される時には、随行してともに仏事をなし、無上菩提に至ることができますことを。」「南無弥勒如来、願わくば含識（有情）とともに速やかに慈悲の尊顔に面奉せんことを。南無弥勒如来とともになる内衆、願わくば命を捨ておわった後にはその中に生ぜんことを。」玄奘三蔵は辞別の言葉をこのように述べている。

玄奘の遷化

寺主の慧徳は、千躰の金色に輝く仏像が、東の方から飛来して翻経院に入り、香花が空に充満している夢をみた。二月四日の夜半、看病にあたっていた明蔵は、見知らぬ二人がそれぞれ大きな美しい白蓮華を手に捧げて玄奘三蔵の前に現れたのをありありと見た。

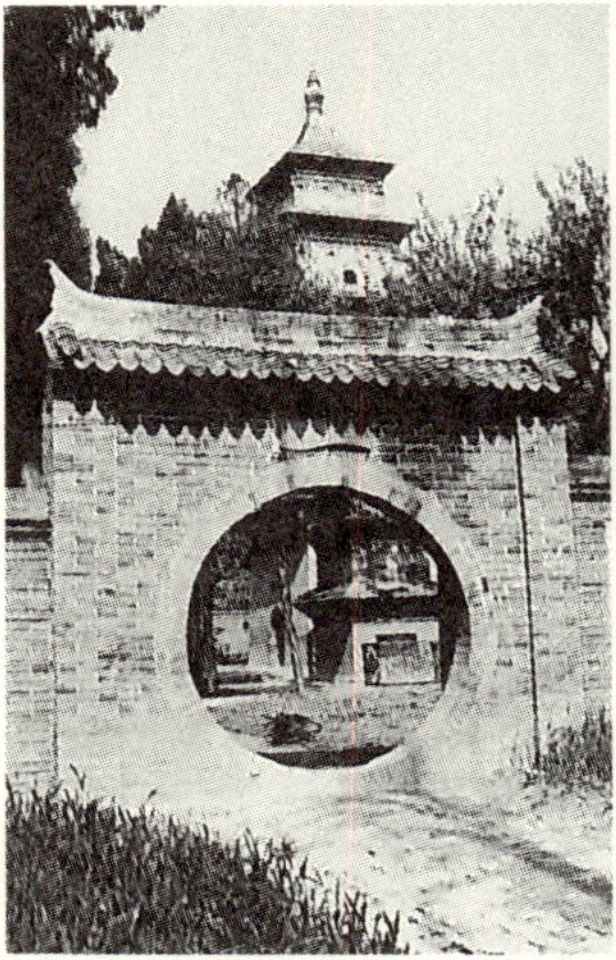
玄奘の墓

「無始以来のあらゆる損滅や苦悩、有情のあらゆる悪業は、師の今の小疾によって消え失せました。およろこびくださいますよう。」白蓮華を捧げてこう語る言葉に応えるかのように玄奘三蔵は振り向くと、しばらくの間合掌をし続けた。そして右手で自らの頭をささえ、次いで左手を胸の上に置くと右脇を下にして足をそろえた。その横たわった姿勢のまま少しも身体を動かすことなく五日の夜半をむかえた。傍らの弟子が堪えきれずに嗚咽ともつかない言葉を発した。「和上さま、必ず弥勒の内院にお生まれになるのですね」「生まれる。」こう呟くと、息が微かになり周囲の人々の気づかぬうちに法師は遷化をしていた。足から次第に冷たさが上り、最後まで頂きは暖かいままであった。『瑜伽師地論』には生前の善業によって人は亡くなる時に足から先に冷たくなると記されている。顔色も生前以上に赤みをさし、四十九日（或いは二か月とする）を過ぎても遺体は腐乱することもなく異臭を放つこともなかったと『慈恩伝』は伝える。

訃報は九日の朝、長安に届いた。慈恩寺にいた明慧は玄奘三蔵の亡くなったその夜、仏堂を行道していた際に北方から南にわたって白い虹がわたり、慈恩寺の塔に達しているのを見て、法師の遷化を知った。

玄奘三蔵、長身にして色白、眉目秀麗。その声は澄み、聴くものを厭わせることがない。人々にたいするときには、ひとたび座ると半日もその身体を傾かせ揺るがすことはない。服は乾陀（ガンダ・赤黄色の袈裟の意）をたっとび、わずかに地質の細かな紬の織物を身に着けている。行歩も穏やかで振り返ることなく直前を見据えている。簡素を愛し交遊を好まず、ひとたび道場に入るや、朝廷の命がなければ出で立つことはない。『慈恩伝』巻第十には玄奘三蔵をこう触れている。

帝は玄奘三蔵の訃報を聞くと、「朕は国の宝を失った」と文武の百寮とともに嗚咽慟哭した。この月の二十六日、ならびに翌月の六日と十五日にも勅命が下りた。「玉華寺の僧・玄奘法師はすでに亡くなった。葬儀の一切はすべて公費にてまかなうように。」「法師の亡くなった今、しばらく翻訳を止めよ。すでに訳出の終えているものは旧例に準じて書写せよ。未だ翻訳せざるものはすべて慈恩寺にて保管し、損失せしめるとのないようにせよ。玄奘の弟子および訳経の僧は、先より玉華寺にいたもの以外は、それぞれ本寺に還らせるがよい。」「玄奘法師の葬儀の日には、京城の僧尼らは幢幡《どうばん》を作って墓所に送ることを許す。」

門人たちは遺言にしたがって草の筵で輿を造り、遺骸を長安に運び、慈恩寺の翻経堂に安置した。数百人の弟子たちの哀号は大地を動かすばかりであった。京城の道俗は日に幾千人も馳せ参じて法師の入滅に号泣した。四月十四日、長安の東を流れる滻水の東方、白鹿原に葬られることになった。筵の輿におさめられた柩を送るために諸州五百里内から百余万の人が集まった。葬列は玄奘三蔵の三衣と国家が施した百金の衲衣が輿の前に先んじた。通夜には僧俗およそ三万余人が帳所に宿した。翌十五日、夜明けをまって埋葬がすむと、墓所において施しのための無遮会が設けられた。

五年を経た總章二（六六九）年四月八日、釈尊降誕の日に勅によって玄奘三蔵の墓所は改葬された。長安の南、樊川の北原に改めて法師は埋葬され、塔が建立された。もとの場所が京城に近いために、法師の墓所を見る機会も多く、高宗の心を傷つけ悲しませるからという理由によるものであった。高宗の崩御の後に、帝位についた仏光王（中宗）は玄奘三蔵に尊敬の念をこめて「大遍覚」の諡《おくりな》をおくった。やがて粛宗（在位七五六～七六二）は塔額に「興教」の二字を寄せ、これに因んで興教寺の寺名がつけられた。今日の興教寺がそれである。玄奘三蔵の塔の傍らには弟子の窺基が葬られている。

むすび

『慈恩伝』は、ひとりの仏教僧の生涯を深い愛情と惜別の念をもって描いている。それは散文であっても、詠ずる者の心をうつ漢詩に似ている。本稿で紹介した玄奘も『慈恩伝』の末筆をもって閉じた。その余韻を同じくしたいからである。

玄奘の翻経は、その後、権威訳とされてきた。それは、それまでの異訳の再評価をも促すことになった。彼は、翻経において、中国で対応することばがないような場合には（例えば「智慧（prajñā）」のように）、原音の音写語を採用すべきことを主張した。そのなかには陀羅尼（ダラーニー）のように、原音に神秘的な要素を含むものもある。インド的な思惟を理解するためには、あえてそうすることが、玄奘の得た結論であった。

中国の法相宗《ほっそう》は玄奘の弟子・窺基（六三二〜八二）によって確立された。また倶舎宗も玄奘訳『倶舎論』（六五一）によって成立している。わが国に伝わった法相宗では、玄奘が重訳した『解深密経』の五種性の説が、平安時代には最澄（七六七?〜八二二）と徳一との大論争を引き起こした。カーストが反映されたと見做される五種性の説は、現実の当時のインド社会の様相であったのであろう。

さかまく波濤は、やがて静寂な水面となる。ひとは、自らの生涯だけを確かなものとしておくる。その生涯をかけた願いや祈りが伝えられ、継承されるのは、理想に懐く熱い思いの如何かもしれない。玄奘の生涯は、忘れかけている情熱やロマンを現代に蘇らせる。奈良の薬師寺では、三蔵法師の求法の旅を伝える行事を春に行い、人々の思いを唐代の西域へと誘う。

玄奘三蔵の名は知らなくとも、親しみをこめていう「三蔵法師」の呼び名は皆が知っている。同様に、彼の翻訳経典が何れかを知らなくとも、玄奘訳『般若心経（摩訶般若波羅蜜多心経）』は今日にも大変親しまれている。

伝記を通して知る、玄奘三蔵の求法の旅は、人間味溢れるものである。一滴の水も飲むことができない、五日四夜にもおよぶ砂漠の旅では、彼は薄れゆく意識の中で一心に観世音（自在）菩薩を念じた。帰国に際しては、捨身求法の旅であったとはいえ、国禁を犯しての密出国を深く慚愧《ざんき》している。政務に力となってほしいという太宗の誘いを退けた、その理由は、長い旅路で得た身体の病もあった。

求法の旅も、そして帰国後の翻経も、まさに彼の言うごとく神仏の冥加《みょうが》なしには出来えないものだったであろう。帰国後、二カ年の歳月を要して訳出した『瑜伽師地論』百巻のみならず、玄奘三蔵の訳出による唯識（瑜伽行）関係の論書は多い。大乗の綱要書の一つでもある『攝大乗論』のよ玄奘三蔵の訳出以前にすでに三訳（後魏の仏陀扇多、陳の真諦、隋の達磨笈多）あるものもある。彼が、瑜伽（ヨーガ）の実践によって到達できる仏教の理想の境地を求めていたことが窺われる。

玄奘三蔵が将来した梵本は、その後どうなったのかということが、中国仏教の不思議の一つにも数えられている。かれらは訳出された漢訳経典を重んじ、梵本を顧みなかったという説もあり、或いは廃仏によつて無くなってしまったという説もある。現在の大雁塔には、勿論それらの梵本は保存されていない。北京大学の副学長でもあり、かつての南亜研究所長でもある季羨林博士に、筆者はこのことを尋ねた。すると季博士は、「あるいは塔の基部の土中に埋めたのではなかろうか」と話された。この応えに、梵語仏典の写本を扱う研究者の一人として、筆者は大変勇気づけられた。今後の学術調査によって、玄奘三蔵の将来した梵本の行方が判るかも知れないのである。

筆者は、文化革命後の中国に一九八〇年の春に訪問した。北京郊外の仏教寺院にも訪れた。そこで観た仏像たちは、そのほとんどが壊され傷ついていた。本来ならば、そうした光景は、我々の心を悲しませ痛ませるはずである。ところが、そうした痛みはついに中国滞在中は一度もおそってこなかった。人々の心から、それほど仏教が隔たってしまっていたのであろうか。破壊にたいする悲しみや痛みが伝わらないのは、信仰がそれほど一般の人々の生活とはかけ離れてしまったのであろうか。

左から季羨林博士、中村元博士、黄心川教授。

中国では一九九四年の春に、「玄奘」の国際学術会議が開催された。会議の主催の中心となっている黄心川教授は、筆者が一九八〇年に、北京で初めてお会いした学者である。季羨林博士と共に日本にも来ていただいた。これからの中国で、『慈恩伝』に述べられる、いわば宗教的な記述にも、深い関心が寄せられることを期待したい。

玄奘年譜

（※印については、年度が不明だが、概ねこの頃と思われる事項を記載した。）

西暦	年号	年齢	年譜	参考事項
五八一	開皇一			楊堅（文帝）が北周を滅ぼし隋を建てる。
五八九	開皇九			隋が陳を滅ぼし中国統一。
六〇二	仁寿二		河南省緱氏県で陳慧の四男として生まれる。（玄奘の生年については諸説ある。本書では六二二年に具足戒を二十歳で受けたことにもとづいて、この生年をおく。）	
六〇四	仁寿四	2		隋で煬帝が即位。
六〇六	大業二	4		インドでハルシャ＝ヴァルダナ（戒日王）が即位。
六一〇	大業六	8		マホメット（ムハンマド）がイスラム教を開く。
六一八	武徳一	16	洛陽にて、大理卿鄭善果のはからいにより年少の出家が叶う。 ※　このあと唐初の混乱を避けるために、洛陽から長安へ移る。さらに長安から成都へ非難する。	李淵（高祖）隋を滅ぼし唐を建てる。

六二二	武徳五	20	成都の空慧寺にて具足戒をうける。 ※このの ち長安をめざしてひそかに荊州（湖北省江陵県）天皇寺に至る。 ※相州（河南省）に至り慈潤寺の慧休に学ぶ。 ※趙州（河北省）に至り道深について学ぶ。	聖徳太子没。
六二四	武徳七	22	長安に入り大覚寺の道岳法師に学ぶ。 ※このころ西域・インドへの求法の旅の志をたてる。	
六二九	貞観三	27	西域に赴くための陳表をするも避けられ、正式の出国許可がないまま長路の旅に出る。 ※高昌国王より招聘を受ける。 ※西域諸国にて歓待されつつ旅を続ける。 ※北インドに入り、カシミール国で稱法師について2年余り学ぶ。 ※チーナブクティ国のトーシャサナ寺院にて1年2ヵ月余り論書を学ぶ。 ※シュルグナ国でジャヤグプタに学ぶ。	
六三二	貞観六	30	ナーランダー寺に至る。戒賢法師より瑜伽論を学ぶ。 ※このあとナーランダー寺において5年間修学する。 ※イーリナパルヴァタ国に赴き「順正理論」などを学ぶ。	

六四一	貞観一五	39	※シンハラ（セイロン）国への渡航をめざし、東・南インド諸国への旅に出る。 ※カーンチープラにてシンハラ国での内乱を知り、渡航を断念する。 ※西北に上りアジャンター寺院などをまわって北インドをめざす。 ※パルヴァタ国にいたり、2年余りの間、正量部の論書などを学ぶ。 ナーランダー寺に戻る。 ※ジャヤセーナ論師について2年間学ぶ。 ※本国への帰国を決意する。 ※カーマルーパ国に招聘される。 ※カーマルーパ国滞在中にハルシャ＝ヴァルダナと出会う。（貞観一四年、玄奘三十九歳とする説がある） ※ハルシャ＝ヴァルダナによりカニャークブジャ（曲女城）で玄奘のための一大法会が催され、大乗の教えを称揚する。 ※ハルシャ＝ヴァルダナがプラヤーガにて無遮大施を行う。	六四〇年 高昌国が唐に滅ぼされる

			インドより持ち帰る経典などをそろえ、帰国の途につく。（貞観一五年秋、とする説がある）	
六四五	貞観一九	43	帰朝。	大化の改新おこる。
六四六	貞観二〇	44	「大唐西域記」の完成。	
六四八	貞観二二	46	「瑜伽論」の訳出終わる。	
六四九	貞観二三	47		唐の太宗の崩御。
六五二	永徽三	50	大雁塔が慈恩寺に建立される。	
六五三	永徽四	51	道昭が玄奘に謁し、法相の教義を学ぶ。	
六五五	永徽六	53	「因明正理門論本」の訳出を終える。	
六五七	顕慶二	55	瀛州にて張氏に嫁した姉と再会する。両親の墳墓を改葬する。	
六六〇	顕慶五	58	「大般若波羅蜜多経」の翻訳にとりかかる。	
六六三	龍朔三	61	「大般若波羅蜜多経」の訳出を終える。	白村江の戦い。
六六四	麟徳一	62	二月五日、玄奘の遷化。	
六七一	咸亨二			義浄がインドへ赴く。

参考文献

●根本資料

慧立著　高田修訳　『大唐大慈恩寺三蔵法師伝』（全十巻）

義浄撰　高田修訳　『大唐西域求法高僧伝』（全二巻）

以上　國譯一切経和漢撰述部　史傳部　――　大東出版社（改訂版）　一九八〇

玄奘・辨機編著　季羨林校注　『大唐西域記校注』　――　中華書局出版　一九八五

玄奘撰　向達訳　『大唐西域記古本三種』　――　中華書局出版　一九八一

●おもな研究書

前嶋信次著　『玄奘三蔵―史実西遊記―』（岩波新書一〇五）　――　岩波書店　一九五二

長沢和俊訳　『玄奘法師西域紀行』（東西交渉旅行記全集Ⅵ）　――　桃源社　一九六五

兼子秀利著　『玄奘三蔵』（中国人物叢書第二期三）　――　人物往来社　一九六七

玄奘著　水谷真成訳　『大唐西域記』（中国古典文学大系二二）　――　平凡社　一九七一

釈道安監修・張曼濤主編　『玄奘大師研究』（現代佛教学術叢刊）　――　大乗文化出版社　一九七七

桑山正進・袴谷憲昭共著　『人物　中国の仏教　玄奘』　――　大蔵出版　一九八一

S. Julien, Memoires sur les contrees occidentates, 2 tomes, Paris, 1857～58

S. Beal, Si-yu-ki Buddhist Records of the Western World, 2 vols, London, 1884

T. Watters On Yuan Chwang's Travels in India, 2 vols, London, 1904 (second Indian edition, 1973)

Arthur Waley, The Real Tripitaka and other pieces, New York, 1952

J. Barthelemy Saint-Hilare, Hiouen-Thsang in India, tr. by Laure Ensor, Calcutta, 1965

さくいん

【人名】

アイバク……三七
アサンガ（無著）……九六・一〇九
アジュニャータ・カウンディニャ……一三
アショーカ王……二・九六・一二五
アーナンダ（阿難）……二三・一〇五
アバヤダンシュトラ……一四
アーリア＝セーナ……九〇
アーリア＝ダーサ……九〇
安世高……二四
イエス＝キリスト……二三
ヴァスバンドゥ（世親）……九六・一〇九
ヴァルダマーナ……一二五
ヴィジャヤ・ジャヤ王……一六九
ヴィルーダカ王……九八・一一三
ヴィールヤセーナ……一〇八
ウダヤナ王……一七〇
ウッタラ＝セーナ……九八
ウディタ王……一五八
ウデーナ王……一一〇
ウパーリ（優波難）……一〇五
慧休……六七
慧徳……一八五
慧立……一七五
王祥……一七五
王伯隴……一七六
丘山新……二〇
カニシカ王……二〇・九一・九六・一〇一
桓帝……一九
窺基……一八三・一八八
麴文泰……七八
義浄……三八
季羨林……六・六一・一九一
行基……三
クシャンティ＝シンハ（獅子忍）……一三五
グナプラパ……一〇六
クナーラ王子……九九
鳩（拘）摩羅王（クマーラ）……一〇八・一五三
鳩摩羅什……四・三四
クマーラターラ……九九
クマーラーヤナ……八二
景法師……六六
玄應……一七五
玄覚……一八四
元照……四七
玄宗……四七・五三
玄昉……四七
厳法師……六六
孔子……一六
黄心川……一九二
高宗……一七六
コーカーリカ……一一三
最澄……一八九
ザラスシュトラ……五四
サンガバドラ……一〇三
竺法護……四・三四
シッダールタ太子……一一四
ジナプトラ……一四九
釈尊……二・三・二九・一一八
シャクラ・アーディティヤ（帝日）王……一一三
シャシャーンカ……一二七・一三七
シャータヴァーハナ……一四〇
ジャヤグプタ……一〇五
ジャヤセーナ（闍耶犀那）……三七・四一・一五〇
シャーリプトラ（舎利弗）……一〇五・一二八
シュッドーダナ王……一一四
ジュニャーナ＝プラバ（智光）……一七八
聖徳太子……三・五三
趙撲初……五〇
シーラーディティヤ……一四七
シーラ＝バドラ（戒賢）法師……一二九・一七八
支婁迦讖……二四
神昉……一七五
杉本卓洲……三一
スタイン・A……一六七
スブーティ……一四二
スーリヤ……一四二
栖玄……一七五

石槃陀……七三
僧辯……六八
則天武后……四七・一八〇
ソンツェンガンポ……五七
太宗……一七〇・一七三
タターガタ・グプタ（如来密）……一三五
ダライラマ……五八
タルドゥ・チャット（咀度設）……八八
ダルマパーラ（護法）……一四三
ダニ・A・H……二四
智顗……五一
長捷（兄）……六五
陳褘（父）……六四
陳慧……六四
ツォンカパ……五八
鄭善果……六五
ディンナ（陳邦）……一四一
デーヴァダッタ（提婆達多）……一一三
道安……四六
道岳……六八
道元……四八
道昭……三
道深……六七
道宣……四七・一七五
ドゥルヴァバッタ……一四八・一五八
独弧達……七一
トン・ヤグブー・カカン……八〇・八四
中村元……六・三五・五〇
南岳慧思……五一
パセーナディ王……一一一
パーニニー……九六
ハルシャ・ヴァルダナ（戒日王）……一〇七・一五四
パンチェンラマ……九九
ビンビサーラ王……一二八
武昭儀……一八〇
仏光王……一八一
ブッダバドラ（覚賢）……一三〇
フビライ＝ハン……六一
フュラー……一一七
プラジュニャーカラ……八九
プラジュニャー＝デーヴァ（慧天）……一七八
プラジュニャ・バドラ……一五〇
プールナ（富楼那）……一〇五
ヘロドトス……五五
辯機……一七五
ボイス・M……五四
房玄齢……一七三
法常……六八
法顕……五
ボーディメーゲーシヴァラ……一四
マウドガリヤーヤナ（目連）……一〇五・一二八
馬玄智……一六九
マドィヤーンティカ……一〇三
「マハーヤーナ＝デーヴァ」……一五六
マホメット（ムハンマド）……五三・五六
マーヤー夫人……一一四
水谷真成……六
ミトラセーナ……一〇六
ミトラダテス2世……五四
明帝……一九
メガステネース……一三九
モークシャグプタ……八二
「モークシャ＝デーヴァ」……一五六・一七九
山下太郎……一三
楊堅（文帝）……五三
煬帝……六五
ラージャシリー……一五五
ラーフラ（羅怙羅）……一〇五
李淵（高祖）……六六
李昌……七一
李世民（太宗）……六九・一七三
李大亮……七〇
霊潤……一七五
霊帝……一九

【事項】

アヴィッダ・カルナ……一三三
『アヴェスター』……五四
アグニ（阿耆尼）国……八一
アジャンター石窟寺院……一四六
アショーカ王の石柱法勅……一一七
「阿毘達磨」……一三三
「阿毘達磨倶舎論」……四八

「アビダルマ・ディーバ」……一四九
アンタルヴァーサカ（中衣）……一四六
伊吾国……七一
イスラム教……五三・五六
一大法会……一五五
一回起的な思考……四九
一切経音義……一七五
イリーナ・パルヴァタ国（伊爛拏鉢伐多）……一三五
インド……九三
『インド仏塔の研究』……三一
「因明」……一三三・一七三
「因明正理門論本」……一七九
「因明入正理論」……五・一七九
ヴァイシャーカ月……一一九
ヴァイシャーリー（吠舎釐）国……一三三
ヴァーラーナシー（婆羅尼斯）……一三〇
ウイグル族（回族）……五六
ヴェーダ聖典……一七・三三・一三三
ウッタラーサンガ（上衣）……四六
ウッディヤーナ（烏仗那）国……九七
『干闐国史』……一六九
ウドラ（烏茶）国……一三八
ウパーサカ（優婆塞）……一五〇
有部……二四
ウルヴェラー……一二六
「会宗論」……一五三
「縁起法頌」……三八
黄帽（ゲールク）派……五八
音写語……一三・二四
温泉精舎……一二九
「解深密教」……一八九
カウシャンビー（憍賞彌）国……一一〇
格義仏教……四六
「過去七仏」……一一五
「ガーサー」……五四
カシミール……一〇一
活仏……五九
ガート……一三
カニシカ王塔……九六
カニャークブジャ（羯若鞠闍曲女城）……一〇七・一一五
カピラヴァストゥ……一二四
カーピシー（迦畢試）国……九〇・一六二
カピタ（劫比他）国……一〇六
カピラ城跡……一二四
カポータ（迦布徳）伽藍……一三四
カーマルーパ国……一五四
ガヤー（伽耶）……一二六
カールッティカ……一一九
カローシュティー文字……二八
カンジュル……五九
カンダータ（昏駄多）……一六三
ガンダーラ（健陀邏）……二一・九五
カーンチプラ（建志補羅）……一四三
「観無量寿経」……一二八
漢訳経典……二四
祇園精舎……一二・一八二
鬼子母神……九六
経典結集……一二九
経本崇拝……二九
玉門関……七一
ギリシア正教……三
ギリシア文化……三
ギルギット……二五
空慧寺……六六
クンジェラブ峠……九八
クシナガラ（拘尺那掲羅）……一一八
「倶舎論」……六八・一三三・一八九
クスタナ（瞿薩旦那）国……一六七
具足戒……六四・六六
クチャ（屈支・亀茲）国……八二
グリドゥラクータ（霊鷲山）……一二八
クレイ・シールズ……三九
景教（ネストリウス派キリスト教）……五三
形声文字……一三
『景徳伝灯録』……五一
袈裟……四六
「玄奘訳経図」……三一
現世主義的……一二
「顕揚論」……一三三

原始経典……三三
高昌国……七八
弘福寺……一七五
紅帽（ニンマ）派……五八
高麗遠征……一七三
『コーラン』……五六
「金光明経」……一〇〇
金剛法座……一二七
「根本有部」……二一
サオシュヤント信仰……五五
ササン朝ペルシャ……五四
サマタタ（三摩怛吒）国……一三七
サマナ（沙門）……一二五
サマルカンド（颯秣建国）……八七
沙羅樹（サーラ）……一一九
サラセン帝国……五四
サールナート（鹿野苑）……三九・一一三
サンガ（僧伽）……一一〇
サンガーティ（大衣）……四六
サンスクリット復興運動……三三
三蔵（トゥリ・ピタカ）……五九
「三蔵法師」……一九〇
サーンチー……三・三三
三宝帰依……一八〇
シヴェータプラ（湿吠多補羅）……一二四
慈恩寺……一七七・一八七
七葉窟……一三九
『シナ人の思惟方法』……二三
ジハード（聖戦）……五七
「四門遊観」……一二五
ジャイナ教……二一
釈迦族……九八・一二三
ジャータカ（前生物語）……九七・一四〇
「十七地論」（瑜伽師地論）……六八・一九〇
「十誦律」……二四
「順正理論」……一〇三・一三三・一三五
宗派仏教……四九
「集量」……一三三
象形文字……一二
上座部（テーラヴァーダ）……一二四
「成実論」……六七
小乗……一七
「攝大乗論」……六六・一五三・一七七・一九〇
浄土寺……六五
初転法論……三二
シラーヴァスティー（舎衛城）……三九・一二一・一二四
真言宗……四
シンドゥ（インダス）河……一四・一五九
シンハラ（スリランカ）国（僧伽藍）……一三八・一四四
隋……五三
ストゥーパ崇拝……三三・二八
ストリシュナ（窣堵利瑟那国）……八六
スーフィー神秘主義者……五七
西漢……一九
制底（チャイティヤ）……三八
「聲明」……一三三
西明寺……一八二
聲論……一七三
「説一切有部」……二一・八二・一七三
「節歩鼓」……一五四
「箭泉」……一一六
卒塔婆（ストゥーパ）……一三七
ゾロアスター教……五三
大慈恩寺……一八〇
「大師身骨」……三八
大衆部（マハーサンギカ）……二四・一二四
「大乗阿毘達磨雑論集」……一七六
大乗経典……一七三
「大荘厳経論」……一六六
「大正新脩大蔵経」……四〇
大乗仏教……一七・二〇・二九・三三・一三三
大乗論書……一七三
『大唐故三蔵玄奘法師行状』（行状）……四一・六四
『大唐西域記』……五・一三・三七・八一・一三五・一四〇・一四九・一七一・一七四
『大唐三蔵聖教序』……一七六・一七八
『大唐大慈恩寺三蔵法師伝』（慈恩伝）……六四・六九・一四九・一七五・一八六・一八九
第二結集……一二三

大涅槃像……九〇
「大パリニッバーナ（大般涅槃）経」……二三・一一八
「大般若波羅蜜多経」……一八三
「大宝積経」……一八四
大菩薩信仰……四九
タキシラ……二二
タクシャシラー（咀叉始羅）……九九
他化自在天宮……一八二
タッカ（磔迦）国……一〇三
ターラ（多羅）樹……一四五
タラス（呾羅斯城）……八六
「ダルマ」……一三・一五・三〇
ダルマシャーラー……一〇一
ダルマスティティ（達摩悉鉄帝）国……一六三
タンジュル……五九
大雁塔……一七八
竹林精舎……一二五・一八二
チーナブクティ（至那僕底）国……一〇三
チベット大蔵経……五九
チャイティヤ……三〇
チャトル（鳥散）……五八
チャンパー（瞻波）国……一三六
「中論」……一三三
『チラス』……二四
テーラーダカ寺（低羅択伽）……一二六・一五〇
天台法華宗……四
道教……四六
トカラ（覩貨羅）国……八八
トーシャサナ寺院……一〇四
都督府……七〇
ドラヴィダ（達羅毗荼）国……一四三
奴隷王朝……五七
敦煌……一九・一七三
ナイランジャナー（尼連禅河）……一二六
ナガラハーラ（那掲羅喝）国……九四
ナーランダー（那爛陀）寺……一二八
『南海寄帰内法伝』（南海伝）……三八・一三一
南都六宗……四
日中学術交流団……五〇
『日本神話の原点』……三三
「仁王般若経」……八〇
「涅槃経」……六六
涅槃堂……一一九
燃身供養……四三
「拝火教徒」……五五・八四
貝葉本……三五
バーヴァヴィヴェーカ（清辯）……一四二
バクトラ（縛喝）……八八
「婆沙論」……六七・一三三
パータリプトラ（華氏城）……一三五
莫高窟……一九
「八千頌般若経」……二九
「発智論」……一〇四・一八一
バーミヤーン（梵衍那）……八九
婆羅門教……一七・三三
「般若経」……三〇
「般若心経（摩訶般若波羅蜜多心経）」……一九〇
ピッパラ樹（菩提樹）……九六・一二六
「毘婆沙論」……一〇五・一三五・一八一
「百論」……一三三
ヒンドゥークシュ（大雪山）……八九
プスタカ……三一・四二
仏教教団（サンガ）……一二四
仏教大学……一三三
仏教伝来……一九
仏教排斥運動……三六
仏舎利……二九・一七三
「仏説造塔功徳経」……四〇
仏塔（ストゥーパ）……三三
仏影窟……九四
プラーグボーディ（前正覚）山……一二六
ブラーフミー書体……三九
プラヤーガ（鉢羅耶伽）国……一一〇
フワエートワダサ（近親婚）……五五
フワルナフ思想……五五
糞掃衣……四六
ベダル峠……八三
法舎利……三七

法身（ダルマ・カーヤ）…二九
「菩薩蔵経」……一三四・一七六
ボータ（吐蕃・西蔵）……五七
菩提樹……………一二七
ポータラカ山（布呾落迦）
……………………一四四
ポタラ宮殿……………五九
「法華経」……一七・三〇・四一・一二八
法相宗……………一四三
ボーディサットヴァ（菩薩）
……………………九四
「ボーディサットヴァ・ピタカ」……………一二四
翻経院…………一七七・一八七
『梵文法華経写本集成』…六三
摩崖仏…………………九〇
「摩訶僧祇律」………二四・三〇
マガタ（摩掲陀）国……一二四
マティプラ（秣底補羅）国
……………………一〇六
マトゥラー（秣兎羅）
…………………二二・一〇五
マハーシャーラ（摩訶婆羅）
……………………一三
マーラヴァ（摩臘婆）国
……………………一四七
「獼猴献蜜」…………一〇五
民族文化宮……………六一
ムガール帝国……………五七
無遮大施………………一五七
無熱悩地………………一二九
ムレッチャ………………九四
「瑜伽論」……一三〇・一三四・一七六
「薬師如来本願経」………四二
「唯識決擇論」…………一五二
「瑜伽師地釈論」
…………一四九・一七六・一九〇
「浴仏功徳経」…………四〇
来世主義的……………一二
ラージバーディーダーンガー
……………………三九
ラージャグリハ（王舎城）
……………………一二四
「螺髪」………………一二
ラマ教（ラマイズム）……五八
『ラーマーヤナ』………一四〇
『リグ・ヴェーダ』………五四
リシ・パタナ……………一三一
龍池（ヴィクトリヤ湖）…一六五
霊鷲山…………五〇・一八二
輪廻思想………………四九
ルンビニー……………一一六
老荘思想………………四六
楼蘭…………………一七一
ローカーヤタ（順世外道）
……………………一五二
「六足阿毗曇」…………一三三
ローマカトリック…………一二
『論語』………………一七六

玄《げん》　奘《じょう》■人と思想106　　定価はカバーに表示

1994年10月５日　第１刷発行©
2016年４月25日　新装版第１刷発行©

・著　者 ……………………………… 三友《みとも》　量順《りょうじゅん》
・発行者 ……………………………… 渡部　哲治
・印刷所 ……………………………… 広研印刷株式会社
・発行所 ……………………………… 株式会社　清水書院

〒102-0072　東京都千代田区飯田橋3-11-6
Tel・03(5213)7151〜7
振替口座・00130-3-5283
http://www.shimizushoin.co.jp

検印省略
落丁本・乱丁本は
おとりかえします。

CenturyBooks
Printed in Japan
ISBN978-4-389-42106-9

CenturyBooks

清水書院の〝センチュリーブックス〟発刊のことば

近年の科学技術の発達は、まことに目覚ましいものがあります。月世界への旅行も、近い将来のこととして、夢ではなくなりました。しかし、一方、人間性は疎外され、文化も、商品化されようとしていることも、否定できません。

いま、人間性の回復をはかり、先人の遺した偉大な文化を継承して、高貴な精神の城を守り、明日への創造に資することは、今世紀に生きる私たちの、重大な責務であると信じます。

私たちがここに、「センチュリーブックス」を刊行いたしますのは、人間形成期にある学生・生徒の諸君、職場にある若い世代に精神の糧を提供し、この責任の一端を果たしたいためであります。

ここに読者諸氏の豊かな人間性を讃えつつご愛読を願います。

一九六七年

清水 梼[illegible]

SHIMIZU SHOIN